UN DEVOCIONAL DE 21 DÍAS
PARA QUE PUEDAS
AMAR COMO SI NUNCA TE HUBIERAN HERIDO

REINICIA
TU CORAZÓN

AUTOR DE ÉXITOS DE VENTAS DEL *NEW YORK TIMES*

JENTEZEN FRANKLIN

WHITAKER HOUSE
Español

A menos que se indique lo contrario, todas las citas de la Escritura han sido tomadas de la *Santa Biblia, Nueva Traducción Viviente*, NTV, © 2008, 2009 Tyndale House Foundation. Usadas con permiso de Tyndale House Publishers, Inc., Wheaton, Illinois 60189. Todos los derechos reservados. Las citas de la Escritura marcadas (NVI) son tomadas de la *Santa Biblia, Nueva Versión Internacional®*, NVI®, © 1999 por la Sociedad Bíblica Internacional. Usadas con permiso. Reservados todos los derechos. Cursivas y negritas en el texto son énfasis del autor.

Traducción al español por:
Belmonte Traductores
Manuel de Falla, 2
28300 Aranjuez
Madrid, ESPAÑA
www.belmontetraductores.com

Editado por: Ofelia Pérez

REINICIA TU CORAZÓN

Un devocional de 21 días para que puedas amar como si nunca te hubieran herido

Publicado originalmente en inglés bajo el título *Restart Your Heart*, por Chosen, una división de Baker Publishing Group

ISBN: 978-1-64123-366-8
eBook ISBN: 978-1-64123-367-5

Impreso en los Estados Unidos de América

Whitaker House
1030 Hunt Valley Circle
New Kensington, PA 15068
www.whitakerhouse.com

Por favor, envíe sugerencias sobre este libro a: comentarios@whitakerhouse.com.

ÍNDICE

INTRODUCCIÓN

EL PODER DE LA EXPECTATIVA

E*s el tiempo de reiniciar tu corazón.* Demasiados desafíos de la vida y personas difíciles han llenado nuestra mente de duda, frustración y amargura. Examínate revisando cómo hablas contigo mismo. ¿Qué tipo de pensamientos ocupan tu mente estos días? ¿Son pensamientos de esperanza y de un futuro? ¿Son pensamientos sobre a quién puedes bendecir y quién te ha bendecido? ¿Pasas más tiempo pensando en lo que no tienes, que orando para agradecer lo que tienes? Las conversaciones que tenemos en nuestra cabeza nos dicen mucho sobre la condición de nuestro corazón. ¿Por qué no reiniciamos esos procesos mentales ahora mismo, hoy? ¿Necesitas un milagro? ¿Deseas un cambio? ¿Qué tal una palabra de Dios o una sanidad? ¡Es el tiempo de esperar grandes cosas!

Nada puede desviarnos de nuestra búsqueda de Dios como una ofensa o una herida a manos de otro. Cuando llega de quienes menos esperamos que nos hieran, los efectos pueden durar años. Si hay algo que he aprendido como pastor es que el tiempo no sana todas las heridas. De hecho, a veces el tiempo puede ser nuestro peor enemigo cuando una raíz de amargura crece hacia adentro, se levantan muros, y la herida se convierte en amargura y aislamiento.

Durante los próximos 21 días, creo que todo eso puede cambiar. Eso *tiene* que cambiar. Se necesita un reinicio, y no hay momento como el presente para comenzar ese proceso. El único requisito es la expectativa. Hebreos 11:6 nos dice que nuestra fe agrada a Dios. Tenemos que entender que si Dios va a hacer algo, Él busca personas que vivan con gran expectativa. En Lucas 3 vemos personas desesperadas en ferviente expectativa de la llegada de su Mesías.

> La gente estaba a la *expectativa*, y todos se preguntaban si acaso Juan sería el Cristo.—Yo los bautizo a ustedes con agua —les respondió Juan a todos—. Pero está por llegar uno más poderoso que yo, a quien ni siquiera merezco desatarle la correa de sus sandalias. Él los bautizará con el Espíritu Santo y con fuego. Lucas 3:15-16 (NVI), énfasis añadido

Nuestro Dios es todopoderoso y, sin embargo, nosotros limitamos su obra en nuestra vida cuando rehusamos creer en su capacidad y su victoria. Tenemos que activar nuestra fe y pararnos en puntillas con expectativa, ¡sabiendo que Él puede hacer lo imposible! Echemos un vistazo a un hombre en la Biblia que tenía una gran expectativa.

EL COJO EN EL TEMPLO

Había un hombre que era cojo de nacimiento, pero a pesar de su discapacidad se las arreglaba para que algunas personas lo llevaran al templo para pedir limosna cada día. Su vida, su sustento y su identidad giraban en torno a su enfermedad. Pero todo eso cambió a las tres en punto, una tarde, con un evento que alteró para siempre la trayectoria de la vida de este hombre. La Biblia nos dice que Pedro y Juan, mientras se dirigían al templo, observaron a este mendigo, se detuvieron y miraron intencionalmente a este hombre. La Biblia dice que Pedro lo miró fijamente, al igual que Juan. Después, Pedro dijo: "¡Míranos!". Así que el cojo "los miró ansiosamente, *esperando recibir un poco de dinero*" (Hechos 3:4-5, énfasis añadido). El resto es historia: el cojo fue sanado al instante al ver fortalecerse sus pies y sus tobillos.

El hombre activó su fe y recibió su milagro allí mismo y en ese momento por su gran expectativa. ¿Qué habría pasado si el cojo les hubiera dicho a Pedro y a Juan: "He estado aquí cada día de mi vida hasta este momento. Imagino que mi destino es estar aquí todos los días que me restan por vivir"? Su milagro no se hubiera producido sin su fe. Él esperaba recibir algo ese día, y recibió algo que le cambió la vida. Pero, día tras día, sus expectativas superaban su pesimismo al despertarse y decir: "¡Quizá hoy será el día!".

Esta es la mejor parte de la historia. Se levantó de ese lugar, y aunque podía haber ido al sitio que hubiera querido con sus tobillos y sus pies sanados, decidió entrar con Pedro y Juan en el templo, saltando y alabando a Dios. Su corazón había sido reiniciado, y lo mismo le ocurrirá al tuyo cuando empieces a ver que tus partes quebrantadas con las que has aprendido a vivir están sanas y que otra vez son útiles.

UN NUEVO DÍA

Dios tiene mucho para ti. No es un accidente que estés leyendo estas páginas ahora mismo. Estos 21 días son una cita divina para una cirugía que necesitas. Deja que el Señor reinicie tu corazón como Él lo ha hecho, historia tras historia, con lectores del libro que acompaña a este devocional, *Ama como si nunca te hubieran herido*. Más de 150 000 personas han leído ese libro. Llegan muchos testimonios de personas que se aferraban al dolor como un salvavidas, tan solo para descubrir que en verdad era el peso lo que les estaba hundiendo.

Ahora, al igual que el mendigo cojo, es tu turno. Él tuvo su día, y su sencillo acto de fe cambió el resto de su vida. Es tu turno. Es tu momento de sanidad. Estás a una mirada, a un toque, de Jesús, de la libertad y de un gozo inexplicable.

No tienes que verlo para creerlo. Comienza ahora. Alaba con expectativa. Siembra con expectativa. Ora con expectativa. Espera el derramamiento del Espíritu Santo en cada área de tu vida. ¿En qué área estás esperando que Dios haga algo? Quiero que comiences a vivir y a hablar con una gran expectativa.

DÍA 1

ES EL TIEMPO

El Señor dice a Zorobabel: "No es por el poder ni por la fuerza, sino por mi Espíritu, dice el Señor de los Ejércitos Celestiales.

Nada impedirá el camino de Zorobabel, ni siquiera una montaña gigantesca, ¡pues se convertirá en llanura delante de él! Y cuando Zorobabel coloque la última piedra del templo en su lugar, la gente gritará: '¡Dios lo bendiga! ¡Dios lo bendiga!'. Zacarías 4:6-7

Hay un procedimiento médico que usan los cirujanos del corazón en todo el mundo llamado *cardioversión*. La cardioversión usa la electricidad o sustancias químicas para activar el corazón y hacerlo volver a su ritmo normal. La cardioversión total conlleva detener el corazón y después reiniciarlo.

Un latido irregular puede causar un grave daño en los órganos internos, incluso la muerte. La cardioversión reinicia el corazón, permitiendo que recupere su capacidad de hacer aquello para lo que fue diseñado, que es proporcionar la sangre al resto del cuerpo, en la medida justa y en los intervalos necesarios para sostener la vida. Este asombroso procedimiento salva miles de vidas cada año.

La falta de perdón, la amargura, el enojo, la ofensa, el dolor y la injusticia pueden tener efectos irregulares y dañinos sobre nuestro espíritu. Estos efectos interrumpen nuestra salud espiritual y puede dañar también nuestra salud física. Muchas veces, esta devastación no se puede resolver utilizando medios usuales; la herida es demasiado profunda. Cuando el dolor está así de arraigado, solo hay una forma de recuperar la salud y la fortaleza para la tarea que Dios tiene para tu vida. Tienes que reiniciar tu corazón.

> Tenemos que aprender a amar como si nunca nos hubieran herido... Mientras lees estas palabras, quizá te estés imaginando la cara de la persona que te infligió el daño... Ese alguien ha reducido tu suministro de amor. Y no estás viviendo al máximo,

como Dios lo quiso, porque no sabes cómo, o si incluso sea posible, amar como si nunca te hubieran herido.

Ama como si nunca te hubieran herido, páginas 11-12

Es asombroso que nuestra mente quiera quedarse en el pasado, en el carrete de imágenes que muestra nuestros fracasos: a quienes nos han herido o rechazado, y las injusticias que hemos experimentado. Yo solía proyectar esas experiencias una y otra vez en mi mente pensando en lo que deseaba haber dicho, las cosas que deseaba haber hecho de otra forma, y la injusticia de todo ello. Hacemos esto, en parte, porque no podemos entenderlo, y nuestra mente, semejante a una computadora, busca conclusiones lógicas. Pero como no podemos entender cómo llegar a la justicia que anhelamos, las ofensas nunca se resuelven.

Y es precisamente ahí donde reside el problema, en estas imaginaciones interminables: intentamos razonar el dolor, pero la injusticia y las heridas no se basan, por lo general, en la lógica, o la verdad, o en algún tipo de razonamiento.

EL PUNTO DE ATAQUE

En mis más de treinta años de experiencia en el ministerio he aprendido un profundo conjunto de verdades.

1. Cuando un problema no tiene sentido a nivel físico, entonces hay algo espiritual en ello.

Al pasar hora tras hora dando vueltas a tu cerebro en busca de respuestas o intentando razonar las cosas con alguien, incluso con Dios, te das cuenta de que estás atascado en un ciclo interminable que te lleva de nuevo al inicio. Eso no es culpa tuya. No significa que te pase algo. Significa que no estás tratando con personas razonables. Significa que el dolor que sufriste no es algo que te merecías, y no hay lógica humana que te ayude a racionalizarlo. Significa que el rechazo que sufriste no fue por algo que hiciste, sino por algún alma egoísta que escogió borrarte de su vida. Nunca le darás sentido a eso en tu mente porque solo se discierne espiritualmente.

Vamos. Cambia tu enfoque. Perdona y continúa avanzando. Entrégale esa persona al Señor para que trate con ella, y confía en que Dios te tiene, que siempre te tendrá, y que su justicia está en su calendario y no en el tuyo.

2. Los problemas espirituales no se resolverán a través de medios normales (lógica, razón, justicia), y se deben tratar a nivel espiritual.

Cuando el dolor o el daño no se puede resolver mediante medios físicos, da un paso atrás y pasa a la acción en la esfera espiritual. Ora. Perdona. Ama y bendice de igual modo. Deja que el Señor te dé una obsesión mayor. Confía con una fe extraordinaria para tu situación extraordinaria.

Esto es difícil de entender, porque como somos humanos siempre queremos culpar a alguien. Queremos poner un rostro a nuestro dolor para saber adónde dirigir nuestro enojo. Pero el hecho es que nuestra lucha *no* es contra sangre y carne. "Pues no luchamos contra enemigos de carne y hueso, sino contra gobernadores malignos y autoridades del mundo invisible, contra fuerzas poderosas de este mundo tenebroso y contra espíritus malignos de los lugares celestiales" (Efesios 6:12). Solo la oración y la fe te ayudarán con este tipo de ofensas y heridas.

3. No hay pensamiento ni planificación ni preocupación que resuelva un asunto espiritual o un ataque espiritual.

> Volvemos a visualizar los malos recuerdos una y otra vez. Hablamos de ellos repetidamente a cualquiera que nos quiera escuchar. Pensamos en formas de vengarnos. Hurgamos en nuestras heridas. En el proceso, quedamos más amargados; endurecidos. Y a menudo, retiramos nuestro amor de aquellos que más lo necesitan.
>
> *Ama como si nunca te hubieran herido*, página 13

REINICIA TU CORAZÓN

Puedes pasar tu vida mirando atrás, y muchos lo hacen, o puedes confiarle a Dios ese rostro que ves y esa injusticia que has sufrido, sabiendo que tu Dios no está ciego. *Tú no puedes arreglar esto.* Pero Dios puede arreglarte *a ti.* Dios puede crear un nuevo corazón en ti... su corazón en ti; y te dará sus ojos para que veas lo que Él ve, sus oídos para que oigas lo que Él oye y su corazón para que sientas lo que Él siente. Sus caminos son más altos, como lo son sus pensamientos, pero Él te dará sus pensamientos y sus caminos si se los pides.

Pero antes de que pueda darte sus pensamientos y sus caminos, tienes que estar dispuesto a soltar la herida, la ofensa, la injusticia. Deja que esas cosas caigan al piso. Se necesitan unas manos vacías para poder recibir lo nuevo. Lo viejo y lo nuevo no pueden coexistir en las mismas manos.

Hay mucho que asimilar en el Día 1, pero si te entregas como una ofrenda ante Dios durante estos 21 días, Él hará una obra en ti. Terminarás como una persona cambiada con un corazón que ha experimentado un reinicio.

> [Dios] quiere darnos un nuevo comienzo. Una nueva historia. Un inicio fresco. Él quiere sanar lo que se ha roto. Él quiere reconciliar lo que se ha desgarrado... Nunca es una equivocación amar. Amar nunca está fuera de orden. Cuando amas, no transiges. Cuando amas nunca bajas tus estándares.
> *Ama como si nunca te hubieran herido*, páginas 13, 15

ORACIÓN

Señor Jesús, al embarcarme en este viaje de 21 días, ayúdame a dar cada paso no con temor, sino con una gran expectativa de todo lo que estás a punto de hacer. Habla, Señor. Sana, Señor. Y enséñame tus verdades eternas.

DÍA 2

LAS PALABRAS MÁS DIFÍCILES JAMÁS DICHAS

Cuando llegaron a un lugar llamado «La Calavera», lo clavaron en la cruz y a los criminales también, uno a su derecha y otro a su izquierda. Jesús dijo: «Padre, perdónalos, porque no saben lo que hacen».

Lucas 23:33-34, énfasis añadido

Me he preguntado muchas veces cómo pudo mantenerse Jesús con una actitud de perdón y compasión hasta el final, especialmente cuando pienso en las mentiras, la traición, la injusticia, las falsas acusaciones y el odio tan fuerte dirigidos hacia Él. Creo que las palabras más difíciles dichas jamás por un humano posiblemente sean estas palabras que dijo Jesús justo antes de morir en esa cruz: *"Padre, perdónalos, porque no saben lo que hacen"*. Pero eso es lo que el amor, en su estado más puro, hace. El amor es una fuerza poderosa.

Permíteme añadir un poco de perspectiva. ¿Y si tú hubieras estado en esa cruz, y los traidores y los acusadores fueran hijos a los que tú amas, ya sean hijos tuyos u otros niños a los que amas y cuidas? ¿No seguiría siendo tu mayor deseo verlos algún día perdonados y reconciliados con su Padre celestial? ¿Realmente podrías desear verlos juzgados y condenados al infierno? Creo que eso debió ser lo que Dios vio cuando miró a todos los que le gritaban: "¡Crucifícale! ¡Crucifícale!". No creo que Él viera el mal. Creo que vio a sus hijos, de su propia carne y sangre, confundidos, manipulados, irracionales y mal dirigidos, víctimas del legalismo que corría enloquecidamente.

Esto suscita algunas preguntas. Cuando oyes palabras como *traición, falsa acusación, injusticia* u *ofensa,* ¿qué cara o caras vienen de inmediato a tu mente? Yo me atrevería a decir que al menos aparece una cara. Y este es el desafío: cuando Dios mira los nombres y las caras que están en tu mente, ¿qué crees que ve? Por supuesto, Él no está ciego; Él vio lo que te hicieron. Pero, ¿qué crees que ve Dios? ¿Qué crees que Él quiere que veas *tú*?

He descubierto que un problema es uno de los mayores siervos de Dios porque nos recuerda que necesitamos a Dios continuamente. A Dios no le desalientan tus luchas. Él está ahí, dispuesto a ayudarte, a consolarte y a sanarte. Cuando llegas al final de ti mismo, Dios siempre está ahí. Él está en la cima de la montaña, y está en el valle. Cuando estás listo para alzar tus manos, álzalas hacia Él.

Dios es el creador de cosas nuevas. Es tiempo de dejar que te dé un nuevo comienzo... un reinicio. Es tiempo de dejar de cojear y permitir que Dios le ponga vendas a tus magulladuras y sane tus heridas: "La luna será tan resplandeciente como el sol, y el sol brillará siete veces más, como la luz de siete días en uno solo. *Así será cuando el Señor comience a sanar a su pueblo y a curar las heridas que le hizo*" (Isaías 30:26, énfasis añadido).

Responde a estas sencillas preguntas y toma unas cuantas decisiones ahí mismo donde te encuentras:

¿Quieres tener la razón o reconciliarte?

¿Quieres estar herido o sanado?

¿Quieres seguir siendo la víctima o comenzar a estar bien?

Solo hay un camino hacia el perdón. Debes amar como si nunca te hubieran herido. Tienes que estar dispuesto a decir las palabras más difíciles jamás dichas:

"Padre, perdónalos, porque no saben lo que hacen".

"Padre, perdónalo, porque no sabe lo que hace".

"Padre, perdónala, porque sencillamente no entiende el dolor que ha causado".

"Padre, perdónalo, porque no hay forma alguna de que sepa el dolor que ha causado".

"Padre, perdónalos, porque no pueden comprender el dolor que han causado... y aun así, te pido que los perdones y que sanes la herida que hay en mí".

Creo que había una frase arriba con la que te identificaste. Toma un momento, encuentra tu frase y piensa en ella. Después ora un momento. Pídele a Dios que te dé la fuerza y su perspectiva paternal para ver a esa persona o personas de una forma que no habías pensado. Pídele al Señor que comience una obra de perdón en ti. Es más que probable que todo esto no se resuelva de inmediato, pero te desafío a darle a Dios permiso de comenzar una obra de sanidad en ti. Pídele que comience la obra de renovar tu mente por la herida a la que te estás aferrando, y por la persona que causó ese dolor.

El Espíritu Santo nunca irá donde no le inviten. Quizá el gran siguiente paso por tu camino hacia perdonar como si nunca te hubieran herido, es el hecho de darle permiso a Dios de hacer una obra nueva en ti.

Permíteme hacer esta oración por ti mientras la lees.

ORACIÓN

Señor Jesús, qué difícil te debió resultar decir esas palabras: "Padre, perdónalos, porque no saben lo que hacen". Ayúdame a decir esas palabras en cada situación, ofreciéndote a quienes me han herido a mí o a alguien a quien amo. Enséñame tu perspectiva, Señor. Ayúdame a ver lo que tú ves para que pueda hacer lo que tú quieres que haga. Gracias por perdonarme.

DÍA 3

EL AMOR IMPORTA

Si pudiera hablar todos los idiomas del mundo y de los ángeles, pero no amara a los demás, yo solo sería un metal ruidoso o un címbalo que resuena. Si tuviera el don de profecía y entendiera todos los planes secretos de Dios y contara con todo el conocimiento, y si tuviera una fe que me hiciera capaz de mover montañas, pero no amara a otros, yo no sería nada. Si diera todo lo que tengo a los pobres y hasta sacrificara mi cuerpo, podría jactarme de eso; pero si no amara a los demás, no habría logrado nada.

El amor es paciente y bondadoso. El amor no es celoso ni fanfarrón ni orgulloso ni ofensivo. No exige que las cosas se hagan a su manera. No se irrita ni lleva un registro de las ofensas recibidas. No se alegra de la injusticia sino que se alegra cuando la verdad triunfa. El amor nunca se da por vencido, jamás pierde la fe, siempre tiene esperanzas y se mantiene firme en toda circunstancia. La profecía, el hablar en idiomas desconocidos, y el conocimiento especial se volverán inútiles.

¡Pero el amor durará para siempre!

1 Corintios 13:1-8, énfasis añadido

> Mi frustración aumentaba, pero mi corazón se partía. Discusiones como esta se habían producido muchas veces, a mi parecer, no solo con esta hija, sino también con otros.
>
> Durante este episodio en particular, estábamos en medio de una crisis familiar. Cada día traía una nueva pelea. Algunas colisiones eran más perturbadoras que otras. Algunas suscitaban una profunda tristeza. Otras, palabras duras.
>
> *Ama como si nunca te hubieran herido,* página 20

Toda familia ha estado ahí. Quizá tú estés ahí ahora mismo. El conflicto familiar es lo peor, especialmente si eres el padre o la madre. Solo quieres paz y armonía con las personas que más te importan en todo el mundo. Quieres que tu hogar sea un espacio lleno de risas y maravillosos momentos, pero ninguna familia es perfecta, y ningún hogar es inmune al conflicto. Tenemos conflicto porque somos personas imperfectas intentando coexistir con otras personas imperfectas.

Se ha dicho que la familia nos da las alegrías más grandes de la vida y las tristezas más profundas. El conflicto, cuando no se resuelve, endurece el corazón con el tiempo y levanta muros donde antes había puentes. Añade un matrimonio a la mezcla, dos personas imperfectas que muchas veces ven la misma situación de forma distinta, y tienes los ingredientes para una tormenta perfecta. La fricción que puede producirse en cualquier discusión sobre qué hacer, a veces puede añadir incluso más conflicto y división. La estrategia de Satanás no ha cambiado nunca: divide y vencerás. Una casa dividida no puede permanecer.

Mientras tanto, la vida y el mundo en el que vivimos no se cierran y esperan a que nuestras vidas recuperen la normalidad. De hecho, si tu situación es como era la mía, mientras las paredes se desmoronan en casa puede que tú estés disfrutando de un gran éxito en tu vida profesional. Cuando estábamos pasando por nuestros peores momentos, nuestro ministerio estaba explotando y expandiéndose a un tiempo récord. Pero puede ser muy difícil ponerse el rostro de profesional y pintar una sonrisa cuando las cosas que más nos importan se están viniendo abajo. Intenta estar en pie delante de miles de personas y dar una palabra de Dios cuando hay un infierno en casa. Es en momentos como esos cuando más débil y vulnerable te sientes. Pero tengo unas cuantas cosas que compartir que te animarán.

EN ESTE TIEMPO

Estas son cinco lecciones de ánimo para los tiempos de conflicto.

Primero, he descubierto una verdad impactante: a Dios le atrae la debilidad. Cuando somos vasijas vacías, Él anhela llenarnos de su gracia, su amor y su bondad. Estas son buenas noticias. Una vasija vacía es lo que Dios desea para poder llenarte con lo que necesitarás para la etapa en la que estás. En los momentos cuando hay mucho estrés o conflicto necesitas una dosis extra de gracia, amor y bondad. *Tienes* fe para esto.

Segundo, tengo una gran noticia: es un tiempo… no una sentencia. Esto también pasará, y cuando la tormenta haya pasado, solo se recordarán las palabras más duras que se dijeron. Así que cuando estés en el fragor del momento, es vital que guardes tu lengua: "La lengua puede traer vida o muerte" (Proverbios 18:21).

Hoy, varios años después de nuestros tiempos más difíciles, todos nuestros hijos aman y siguen a Jesús, y nuestras relaciones son fuertes. Los recuerdos aún están tan vivos, como siempre, pero ya no tienen ningún poder sobre nuestras vidas. Ahora sirven como lecciones y mapas de ruta para otros que están en lo peor de sus tormentas.

Tercero, el dolor que sientes es el dolor que puedes sanar. Como pastor, nunca me preocupo tanto por las personas que sienten el dolor de su situación, porque donde hay dolor, hay atención, y mientras más específica sea la fuente del dolor, más fácil es enfocar tu atención y tus oraciones. Las personas por las que más me preocupo son las que se han insensibilizado tanto espiritualmente que ya no son capaces de sentir el dolor. Pídele a Dios que te revele, específicamente, dónde está la fuente del dolor. Todos los remedios comienzan y terminan en la raíz. Encuentra la raíz y resolverás la crisis.

Cuarto, nunca subestimes el poder de estar en la casa de Dios. Incluso cuando no quieres ir… ve. Incluso cuando sean tus hijos los que no quieren ir… ve. Aunque parezca que la Palabra de Dios no está entrando y penetrando en sus corazones, o en el tuyo, lo está haciendo. La Palabra de Dios *nunca* vuelve vacía (ver Isaías 55:11).

Además de la Palabra de Dios, están también las personas de Dios, las relaciones que se desarrollan cuando las personas se reúnen semana tras semana durante un periodo largo de tiempo. Y nunca sabes cuándo llegará ese momento en el que algo cambia. Esos momentos finalmente llegaron a mis hijos, y fue en gran parte porque las personas de Dios los amaron, oraron por ellos, fueron sus mentores y declararon vida sobre ellos. Si estás pasando por una tormenta en tu casa, permanece en la casa de Dios.

Por último, y lo más importante de todo, nunca olvides que *el amor importa*. Realmente importa. "Lo más importante de todo es que sigan demostrando profundo amor unos a otros, porque el amor cubre gran cantidad de pecados" (1 Pedro 4:8).

UN NUEVO LENGUAJE

El amor cubre multitud de pecados y habla un lenguaje propio. En todo lo que pasamos como familia y en cada conflicto estresante, en lo más profundo, mis hijos sabían que los amábamos. Sabían que aunque había desacuerdos, grandes desacuerdos, todo lo que hacíamos o decíamos surgía desde el amor.

El amor ora sin cesar. El amor ayuna. El amor pone a nuestros hijos en las manos del Señor diariamente. El amor mantiene el curso en las cosas que más importan, a pesar del conflicto que cause. El amor se queda en la casa de Dios, el amor se arrodilla y el amor nunca se rinde. El amor cree lo mejor, y el amor tiene fe en las promesas de la Palabra de Dios a pesar de las circunstancias actuales. El amor importa. Siempre ha importado. Siempre importará.

La vida es una aventura de perdón. Todo tiene que ver con liberar el pasado y extenderse hacia el futuro. Y solo conozco una forma de hacer eso: amar como si nunca te hubieran herido.

ORACIÓN

Señor Jesús, enséñame a amarte como tú amas, con amor incondicional. Y gracias por amarme. Ayúdame a ser más amoroso, no solo con quienes me aman, sino también con todas las personas que pongas en mi camino. Gracias, Señor, por tu amor eterno.

DÍA 4

EL AMOR NUNCA FALLA

Claro que no, a pesar de todas estas cosas, nuestra victoria es absoluta por medio de Cristo, quien nos amó. Y estoy convencido de que nada podrá jamás separarnos del amor de Dios. Ni la muerte ni la vida, ni ángeles ni demonios, ni nuestros temores de hoy ni nuestras preocupaciones de mañana. Ni siquiera los poderes del infierno pueden separarnos del amor de Dios. Ningún poder en las alturas ni en las profundidades, de hecho, nada en toda la creación podrá jamás separarnos del amor de Dios, que está revelado en Cristo Jesús nuestro Señor. Romanos 8:37-39

> No sabemos cómo amar: todo el tiempo. Sí, podemos amar cuando estamos de acuerdo el uno con el otro... Podemos amar cuando compartimos el mismo estilo de vida. Podemos incluso amar a extraños o a quienes no nos conocen bien. Pero sé que es mucho más difícil amar a los que están más cerca de nosotros. ¿Por qué? Porque son quienes más pueden herirnos.
>
> *Ama como si nunca te hubieran herido*, página 29

¡El amor gana! El amor gana siempre. El amor nunca falla. Creo que se nos olvida demasiado rápido que el amor que sentimos por otros es de otra clase. Cuando le rindes tu vida a Cristo, el Espíritu Santo establece dentro de ti su residencia, y desde ese momento recibiste un nuevo ADN, un nuevo corazón y acceso a un nuevo tipo de amor. "¿No se dan cuenta de que su cuerpo es el templo del Espíritu Santo, quien vive en ustedes y les fue dado por Dios? Ustedes no se pertenecen a sí mismos, porque Dios los compró a un alto precio. Por lo tanto, honren a Dios con su cuerpo" (1 Corintios 6:19-20).

Cuando hacemos de Jesús el centro de nuestra vida, nos convertimos en parte de un linaje que ve el dolor y la ofensa de otra forma, porque vemos a los demás de otra forma. Amamos con un tipo distinto de amor. Por lo tanto, cuando llegan la ofensa y los reveses, si miramos de cerca y le pedimos a Dios sus ojos, vemos cada situación distinta a como el mundo la ve, y la obra de perdón puede plantar una semilla y comenzar a echar raíces.

La carne implorará justicia, pero el espíritu confiará en lo que Dios ve, en lo que Dios oye, y en que Dios hará que todo sea para bien y para su gloria al final. Pero yo soy el primero en admitir que este tipo de amor no es fácil, y en raras ocasiones es mi primer instinto. Mi primer impulso es devolver el golpe y pasar a la ofensiva. Pero eso es solo lo que dije que es: mi primer impulso. He aprendido con los años que no puedo dejar que mi primer impulso sea mi primera respuesta. He aprendido que en esos momentos, cuando mi sangre está hirviendo o el corte es más profundo, debo hacer lo que David aprendió a hacer... dar un paso atrás, respirar hondo y buscar al Señor (ver 1 Samuel 30:8).

EL ENFOQUE LO ES TODO

Puedo decirte, con gran confianza, que en cada situación de una gran ofensa o un ataque personal, al margen de cómo decidí responder, Dios siempre estuvo esperando en ese lugar donde mis ojos se levantaron de mis circunstancias y se dirigieron a Él. Cada vez que mi enfoque cambió, Él estaba ahí, y Él hará lo mismo contigo. Su amor nunca falla. A mí siempre me sorprende lo cercano que está. Y su solución es siempre la misma... amor.

El amor es un arma que puede unir la división y reconstruir lo que está roto. Estas son decisiones difíciles de tomar, especialmente en el fragor de la batalla o el ataque, pero si tomas estas decisiones permitirás que Dios haga sobrenaturalmente lo que nunca podrías hacer en lo natural.

> Quizá conoces bien el aguijón del odio o el resentimiento. Quizá un amigo íntimo te abandonó porque él o ella estaba celoso. En vez de animarte, de creer en ti, esa persona te dejó. Quiero recordarte que cuando el mundo de José se puso patas arriba, cuando toda esperanza parecía haberse secado, él se aferró.
>
> *Ama como si nunca te hubieran herido*, páginas 32-33

Quizá la mayor revelación que puedes recibir sobre el tema de la ofensa y el perdón sea esta: en cada situación, y al margen de cuán desesperado te sientas, siempre tienes la opción de cómo responder. La falta de perdón es como beber veneno y esperar que afecte a la persona a la que rehúsas perdonar. La única persona en sufrir los daños eres tú. *Escoge el amor en vez del dolor.*

El perdón puede que no llegue de forma inmediata; de hecho, raras veces suele ser el caso. Pero el amor *puede* llegar de forma inmediata porque es una decisión, y una decisión que nadie puede arrebatarte. Mejor aún, es la mejor decisión; es la decisión que Dios desea y recompensa. ¡Esa es una promesa poderosa! Escoge amar a otros: siempre.

PROSIGUE

Este punto es clave para el llamado y el propósito que Dios tiene para tu vida: sea cual sea la ofensa o la herida, decide seguir avanzando. Muchas veces estas situaciones pueden ser paralizantes. A veces, en mi familia, nuestro conflictos más grandes y dolorosos sucedían momentos antes de que tuviera que ir a la iglesia a predicar ante miles de personas. Esas conversaciones con Dios de camino a la iglesia hacían que no pensara en dejarlo todo en ese mismo momento o en darme la vuelta y regresar a casa.

Proseguir era una decisión, pero era una decisión nacida de la obediencia a la voz de Dios en esas etapas difíciles. Nunca olvides que hay un enemigo que viene para matar y destruir, y su táctica es siempre el engaño, porque es un mentiroso. Él te susurrará derrota, indignación y condenación con un propósito en mente: hacer que te alejes de Dios, y de sus propósitos y su llamado para tu vida. Satanás quiere matar tu sueño y cancelar tu misión. No cedas.

Cuando estés pasando por un infierno, no te detengas ahí. Sigue avanzando.

Decide seguir conduciendo hacia la meta que el Señor ha puesto delante de ti. Reprende esas voces de derrota y condenación en el nombre de Jesús, y fija tu mirada totalmente hacia delante. Sigue avanzando. No cedas y no te quedes quieto en esos momentos. El diablo sabe que si puede detener tu impulso hacia delante, tiene la oportunidad de hacer que te des la vuelta y vayas hacia atrás.

Cuando lleguen las pruebas y los conflictos de esta vida, casi siempre habrá un rostro y un nombre asociado con el ataque. No cedas a tu primer impulso. Da un paso atrás y pregunta al Señor. El amor *siempre* gana. Decide amar a otros: siempre. Prosigue, incluso cuando te sientas débil. Es una gran verdad espiritual que cuando más débiles somos, Él es fuerte en nosotros.

Y nunca olvides que tus circunstancias nunca intimidarán a tu Dios. Acércate al Dios que está siempre mucho más cerca de lo que podrías haber imaginado. Dios quiere sanarte y defenderte, e incluso vengarte, si simplemente te acercas a Él. Hazlo ahora.

ORACIÓN

Señor Dios, gracias por tu amor infalible. Gracias porque incluso cuando caigo o fallo, tú no apartas tu amor de mí. Enséñame a amar así, Señor. Ayúdame a no poner restricciones a mi amor y a amar aun a los que me han herido. Gracias por tu paciencia y tu mano cuidadosa que me guía en mi vida, Señor.

DÍA 5

CONTINÚA HASTA SOBREPASAR EL MOMENTO CUANDO TE QUIERES RENDIR

No tengas miedo, porque yo estoy contigo; no te desalientes, porque yo soy tu Dios. Te daré fuerzas y te ayudaré; te sostendré con mi mano derecha victoriosa... Buscarás en vano a los que trataron de conquistarte. Los que te ataquen quedarán en la nada.

Isaías 41:10,12

No estoy diciendo que vaya a ser fácil. Es un proceso, y a veces largo. Como cristianos, queremos lo instantáneo. Somos una generación de microondas que anhela soluciones a problemas en treinta segundos como mucho. Noticia de última hora: aunque Dios ciertamente hace liberaciones al instante, esa suele ser la excepción, y no la norma.

Así que ora, y sigue orando. Cree y sigue creyendo. Perdona y sigue perdonando... Obtén sabiduría de los consejos piadosos. Haz lo que sea necesario para sanar la herida.

Ama como si nunca te hubieran herido, página 38

En pocas palabras: no te rindas. No cedas. Tu familia, tu propósito, tu llamado... vale la pena luchar por todo eso. Tienes que aprender que tus armas no son físicas, sino espirituales y poderosas, y te ayudarán a pasar por esas ocasiones cuando quieras rendirte o ceder. Fueron muchas las veces que tuvimos que tratar con nuestros hijos en su adolescencia, y hubiera sido muy fácil apartarnos y dejar que metieran la pata, pero ese no era el papel que Dios me dio como su padre terrenal. La forma más fácil raras veces es la más sabia. Hay ocasiones en las que tienes que mantener tu territorio cuando todo dentro de ti está listo para entregarse.

Cuando los tiempos malos se vuelven insoportables, da un paso atrás y deja que el Señor luche por ti. ¡Todos los días suceden cosas! Tú lo has vivido. Yo lo he vivido. Todas las personas han experimentado algún nivel de frustración y dolor en medio de los sucesos diarios de la vida. Nadie es inmune a las realidades de la vida. Eso suscita la pregunta: "¿Qué haces cuando los tiempos difíciles se convierten en tiempos insoportables?". La respuesta a esa pregunta nos elude a muchos de nosotros, incluso en el mundo cristiano. ¿Por qué? Porque todos hemos hecho la afirmación tan ingenua y necia que dice: "¿Puede esto ponerse peor?".

Si alguna vez has dicho algo así, estás en buena compañía. Los hijos de Israel hicieron la misma declaración. Moisés y Aarón le habían pedido al faraón, hambriento de poder, que dejara ir al pueblo de Dios para adorar en el desierto. Suena a una petición razonable. Pero el resultado produjo más dolor y dificultad para los hijos de Dios de los que ellos habían experimentado alguna vez.

> Ese mismo día, el faraón dio la siguiente orden a los capataces egipcios y a los jefes de cuadrilla israelitas: Ya no les provean paja para hacer los ladrillos. ¡Hagan que ellos mismos vayan a buscarla! Pero exíjanles que sigan fabricando la misma cantidad de ladrillos que antes. No reduzcan la cuota. Son unos perezosos; por eso claman: "Déjanos ir a ofrecer sacrificios a nuestro Dios". Cárguenlos con más trabajo. ¡Háganlos sudar! Así aprenderán a no dejarse llevar por mentiras. Éxodo 5:6-9

En un instante, una mala situación ¡ahora se convierte en insoportable! ¿Alguna vez has tenido un día así? ¿Un mes así? ¿Un año así? ¿Tienes una vida sobrecargada que demanda más de ti? ¿Tienes relaciones que siguen haciendo retiros en tu vida sin hacer ningún depósito? ¿Te ves en lo más hondo de tu ser preguntándole a Dios cómo puedes mantener tu cabeza por encima del agua para no ahogarte?

Las vidas que se ahogan consiguen la atención de Dios, y las personas que se ahogan le prestan más atención a Dios.

Estoy seguro de que te identificas con el pueblo hebreo en esta historia eterna. ¡Ayer malo! ¡Hoy insoportable! Pero lo que ocurre después, por lo general, es transformador. "Entonces el Señor le dijo a Moisés: —Ahora verás lo que le haré al faraón. Cuando él sienta el peso de mi mano fuerte, dejará salir al pueblo. De hecho, ¡él mismo los echará de su tierra!" (Éxodo 6:1).

Cuando llegamos a la desesperación, clamamos desesperados, y ese es un tipo de oración totalmente distinto. La oración desesperada pidiendo ayuda crea liberación divina, y te empuja a sobrepasar esos momentos cuando quieres rendirte. Dios oyó los clamores de su pueblo y actuó en su favor. Él también hará lo mismo en tus circunstancias. La próxima vez que te encuentres en una situación desesperada e insoportable, considera lo siguiente:

> *Relájate*: "Que mi alma descanse nuevamente, porque el Señor ha sido bueno conmigo" (Salmos 116:7).
>
> *Deposita*: "Así que humíllense ante el gran poder de Dios y, a su debido tiempo, él los levantará con honor. Pongan todas sus preocupaciones y

ansiedades en las manos de Dios, porque él cuida de ustedes" (1 Pedro 5:6-7).

Descansa: "Que todo mi ser espere en silencio delante de Dios, porque en él está mi esperanza" (Salmos 62:5). "El temor del Señor conduce a la vida; da un sueño tranquilo y evita los problemas" (Proverbios 19:23, NVI).

Estas tres palabras, *relájate, deposita* y *descansa,* describen las acciones productivas que puedes emprender cuando la vida se tuerce. *Relájate*: Dios está haciendo que las cosas te ayuden a bien a pesar de lo que ves ocurrir a tu alrededor. *Deposita*: como lanzar una caña de pescar lejos de la orilla, Dios quiere que eches tus problemas lejos de la orilla de tu alma. *Descansa*: un descanso tranquilo, sin problemas, está disponible para ti en medio de los tiempos insoportables.

Hoy, aparta un tiempo para pensar en las decisiones o circunstancias difíciles que estés enfrentando. Toma un pedazo de papel y escríbelo. Ponlo en orden de pesadez sobre tu corazón. Intenta limitar el número a los tres principales. Uno a uno, pasa tiempo en oración pidiéndole a Dios que te ayude a *relajarte en Él, a depositar toda preocupación y a descansar con respecto al resultado.* Él es un Dios *grande,* y puede dar un *gran* consuelo, esperanza y paz sublime en medio de la tormenta. Cuando lo malo se convierta en insoportable, Dios estará siempre ahí, esperando a que alces tus ojos sobre tus circunstancias y descanses en su mirada infalible.

Nunca te rindas. Nunca cedas. Continúa más allá de esos momentos en los que te quieres rendir. Siempre se pone más oscuro antes del amanecer. ¡El gozo llega en la mañana!

ORACIÓN

Amado Señor, tú sabes dónde soy débil y dónde me falta la resolución que necesito para cada situación. Quédate cerca de mí, Señor; te pido especialmente por esos días en los que siento que no puedo continuar. Ayúdame a sobrepasar la renuncia en mi vida. Haz que esos momentos sean marcadores que me recuerden esos días en los que tú me ayudaste a vencer.

DÍA 6

NUNCA ES UNA EQUIVOCACIÓN AMAR

Si solo aman a quienes los aman a ustedes, ¿qué mérito tienen? ¡Hasta los pecadores aman a quienes los aman a ellos! Y si solo hacen bien a los que son buenos con ustedes, ¿qué mérito tienen? ¡Hasta los pecadores hacen eso! Y si prestan dinero solamente a quienes pueden devolverlo, ¿qué mérito tienen? Hasta los pecadores prestan a otros pecadores a cambio de un reembolso completo. »¡Amen a sus enemigos! Háganles bien. Presten sin esperar nada a cambio. Entonces su recompensa del cielo será grande, y se estarán comportando verdaderamente como hijos del Altísimo, pues él es bondadoso con los que son desagradecidos y perversos. Deben ser compasivos, así como su Padre es compasivo.

Lucas 6:32-36

> Si las personas a las que amamos están haciendo algo que está mal, a menudo nuestro juicio se dispara. La desaprobación rápidamente pisotea al amor. Rehusamos tener algo que ver con esas personas. Les anunciamos a ellos y al mundo que la relación se ha terminado, y lo hacemos en el nombre de la fe, golpeando nuestras Biblias con una intolerancia santurrona... Podríamos tener todos los dones espirituales del mundo, pero sin amor, no tendrían sentido alguno.
>
> *Ama como si nunca te hubieran herido*, página 46

Quiero ser claro. Amar incondicionalmente no significa rebajar tus estándares. Todos nos vemos ante el dilema entre no querer consentir la conducta de alguien, pero a la vez amar a esa persona durante el proceso. En *Ama como si nunca te hubieran herido* hablo sobre mi amigo Mac cuando su hijo le dijo que era gay. ¿Qué haces en una situación así? ¿Qué haces si no es el familiar de otro... si es tu propia carne y sangre? La respuesta es sencilla y constante: amar. *Nunca* es equivocado amar a otro.

AMAR IGUALMENTE

Amar incondicionalmente no significa rebajar tus estándares, pero tampoco significa que seas el juez y jurado. Solo Dios es la autoridad suprema cuando se trata de pecado y de juicio. El verdadero amor reconoce que hay un problema de pecado, pero también dice que tu amor no está sujeto a la aprobación de la conducta, las decisiones o el estilo de vida de otro.

Muchas veces he pensado lo difícil que debe ser para Dios, como Padre supremo, crear a un ser humano, alguien a quien Él ama con un amor como ningún otro, y después ver cómo poco a poco su hijo le da la espalda silenciosamente, escoge no reconocerlo a Él o, peor aún, decide rechazarlo. Pero el padre que hay en mí entiende lo que significa decir que no hay nada que podría hacer que yo dejara de amar a mis hijos. Nada. Y lo mismo ocurre con Dios.

Todo esto para decir que cada ser humano creado fue idea de Dios. Así que no te sorprendas si Él no ve a esa persona que te lastimó como tú la ves. Los padres pueden preocuparse por los hijos de otras personas, pero su amor por el niño de otro nunca será igual que el amor que tienen por los propios. Cada persona que veas en conflicto o decepción, es una persona con la que el Padre celestial quiere que tú te reconcilies. Y la reconciliación, según 2 Corintios, es nuestro principal llamado.

> Sea de una forma u otra, el amor de Cristo nos controla. Ya que creemos que Cristo murió por todos, también creemos que todos hemos muerto a nuestra vida antigua. Él murió por todos para que los que reciben la nueva vida de Cristo ya no vivan más para sí mismos. Más bien, vivirán para Cristo, quien murió y resucitó por ellos. Así que hemos dejado de evaluar a otros desde el punto de vista humano. En un tiempo, pensábamos de Cristo solo desde un punto de vista humano. ¡Qué tan diferente lo conocemos ahora! Esto significa que todo el que pertenece a Cristo se

> ha convertido en una persona nueva. La vida antigua ha pasado; ¡una nueva vida ha comenzado! Y todo esto es un regalo de Dios, quien nos trajo de vuelta a sí mismo por medio de Cristo. Y Dios nos ha dado la tarea de reconciliar a la gente con él. Pues Dios estaba en Cristo reconciliando al mundo consigo mismo, no tomando más en cuenta el pecado de la gente. Y nos dio a nosotros este maravilloso mensaje de reconciliación. Así que somos embajadores de Cristo; Dios hace su llamado por medio de nosotros. Hablamos en nombre de Cristo cuando les rogamos: «¡Vuelvan a Dios!». 2 Corintios 5:14-20

Permíteme dar un pequeño giro. ¿Cómo sería tu vida si Dios no hubiera respondido a tus debilidades, tus pecados, tus adicciones o tus fallos con gracia y amor? De hecho, su Palabra lo dice incluso con más dureza: "Si perdonas a los que pecan contra ti, tu Padre celestial te perdonará a ti; pero si te niegas a perdonar a los demás, tu Padre no perdonará tus pecados" (Mateo 6:14-15). Es verdaderamente un punto de inflexión cuando me doy cuenta de que el perdón de mis pecados exige que yo perdone a otros sus pecados, incluso cuando esos pecados han producido un daño a mí o a lo mío.

A VECES AMAS DESDE LEJOS

El último tema que me gustaría que consideraras antes de empezar tu tiempo de oración tiene que ver con la situación en la que el amar se debe hacer con seguridad. Puedes amar en tu corazón, deseando y orando por el bien de otros: desde lejos.

Ser cristiano no significa que tengas que ser un saco de boxeo para Dios, o un felpudo o un muñeco de pruebas automovilísticas.

Esto no significa que esas personas se hayan desviado tanto de Dios como para estar fuera de su alcance. Solo significa que hay algunas brechas que solo Dios puede cerrar y, en esos casos, esas personas tienen que pasar por Dios antes de poder estar contigo.

Sé amable con ellos, pero firme a la hora de crear ese espacio, y piensa en formas de conectar sin estar juntos físicamente. Usa la sabiduría, especialmente si hay niños involucrados. Puedes dejar espacio en tu corazón mientras también mantienes unos límites físicos saludables. Ama, ama, ama siempre, pero sé sabio cuando se trata de tu seguridad personal o de cualquier niño que pudiera verse afectado.

Amar a otros es una decisión, incluso cuando estás herido, y siempre es la decisión correcta. Cuando el dolor llega en forma de alguien cercano a ti que escoge el camino del pecado, puede ser increíblemente doloroso. Recuerda dejarle el juicio a Dios, pero amar incondicionalmente. *Nunca* es equivocado amar y dar amor. Y nunca lo olvides: esa persona que ha creado la ofensa, o la distancia, o el dolor, es una persona a la que tu Salvador ama intensamente y por la cual murió. A veces la perspectiva lo es todo. Mira a otros con los ojos de su Creador, y permite que Dios te muestre lo que Él ve.

ORACIÓN

Señor Jesús, gracias por recordarme que nunca es equivocado amar. Hazme más amoroso, Señor. Abro mi mente y mi corazón a tu perfecta voluntad. Muéstrame los rostros, Señor, los rostros de aquellos con los que no estoy mostrando amor. Te pido que me enseñes y me ayudes, Señor.

DÍA 7

NO TE CONFORMES; SIGUE ESCALANDO

Por lo tanto, ya que estamos rodeados por una enorme multitud de testigos de la vida de fe, quitémonos todo peso que nos impida correr, especialmente el pecado que tan fácilmente nos hace tropezar. Y corramos con perseverancia la carrera que Dios nos ha puesto por delante. Esto lo hacemos al fijar la mirada en Jesús, el campeón que inicia y perfecciona nuestra fe. Debido al gozo que le esperaba, Jesús soportó la cruz, sin importarle la vergüenza que esta representaba. Ahora está sentado en el lugar de honor, junto al trono de Dios.

Piensen en toda la hostilidad que soportó por parte de pecadores, así no se cansarán ni se darán por vencidos. Hebreos 12:1-3

No hables al necio que hay en otros; háblale al rey que hay en ellos... Yo creo que dentro de cada uno de nosotros hay un rey. Asemejo esto a nuestro potencial de ser el pueblo que Dios quiso que fuéramos a través de Cristo Jesús. Quizá tenemos dificultades, pero hay un rey dentro de nosotros. Quizá fallemos, pero hay un rey en nuestro interior. Quizá no seamos aún quienes podríamos ser, pero hay un rey dentro de nosotros. A menudo no es fácil ver a este rey o reina en nuestro propio hogar.

Ama como si nunca te hubieran herido, página 57

Si realmente entendiéramos quiénes somos y lo que Jesús piensa de nosotros, todo cambiaría. Demasiadas veces nos mezclamos con el mundo en vez de reconocer que somos hijos del Rey, coherederos y real sacerdocio. Nos cuesta mucho entender cuánto nos ama nuestro Padre celestial. Si nos cuesta entender esta verdadera identidad, tendremos dificultades cuando llegue el conflicto. La ansiedad reemplaza a la fe, y la preocupación desplaza la confianza que un hijo del Rey debería tener.

Pero doy gracias a Dios por su paciencia, gracia y misericordia. Incluso cuando me encojo ante la adversidad y permito que mi mente se imagine lo peor, ahí llega Jesús, extendiéndome su mano y rescatándome de la muerte que me he imaginado.

¿No es maravilloso que Dios pueda moverse a nuestro favor y, en un momento de crisis, llegar justo con la respuesta o provisión certera para ese momento? Y entonces, ¿no es incluso más maravilloso cuando llega y lo hace otra vez... y otra... y otra?

Pero por muy maravilloso que sea esto, me resulta incluso más sorprendente que cuando pasamos por la *siguiente* gran crisis, sufrimos de amnesia y olvidamos todas las veces que Él nos ha socorrido en el pasado. En lugar de recordar el legado de fidelidad de Dios, meditamos en nuestras limitaciones físicas y las circunstancias que vemos. Escogemos la lógica humana antes que la oración divina y nos desanimamos porque sabemos que nos hemos conformados con algo menos que lo mejor de Dios.

Satanás es el gran engañador. Si puede crear la duda suficiente, puede entonces levantar una fortaleza que nos impide llegar al lugar alto al que Dios nos ha llamado. Y entonces nos vemos ahí, paralizados por miedo a lo desconocido, y todo el progreso se detiene.

¿QUÉ VIENE DESPUÉS?

¡Qué fácil es quedarnos en el lugar donde estamos, en la tierra de lo "familiar", en vez de asumir el riesgo de subir más alto! Podemos saber con seguridad que Dios nos está llamando a ese siguiente lugar... esa siguiente parada en el viaje. Podemos confiar en que Él nos guía donde nunca hemos ido. Podemos creer que Dios tiene un plan en cada situación tormentosa y acusación falsa. Y podemos recibir ese plan para hacernos más fuertes para todo lo que Él está a punto de hacer.

Se necesita valor para amar a quienes nos lastiman u ofenden. Escalar más alto no es una tarea sencilla, especialmente cuando sería muy fácil tomar la salida normal, aislarnos y evitar. No te conformes con subir solo hasta la mitad de la montaña. Sigue escalando. Sigue perdonando. Sigue amando. Tienes que darte cuenta de que muchas veces tu siguiente paso o siguiente tarea están directamente vinculados a tu respuesta a esa última herida u ofensa.

TIENES UN LEGADO

El ADN de una fe probada y demostrada es tu legado. Dios te está llamando a hacer cosas incluso mayores que las que hiciste antes, quizá en otro campo, de diferente forma o en un lugar distinto, pero vas a subir y no a bajar. Tienes que creer que según subes, las fortalezas se derrumban en el nombre de Jesús. Nunca confíes en la carne cuando se trata de cuestiones de fe. En vez de considerar el costo, recuerda quién eres: un hijo del Rey, y Él te está llamando a que subas.

Quizá estás pasando por algo que parece *imposible*. Pero ¿acaso Dios no ha intervenido en tu vida una vez tras otra? Haz un inventario. Recuerda el legado de Dios. Él no te dejará. Da ese siguiente paso de fe. Asume el riesgo. Haz esa llamada telefónica. Cree que esa montaña se moverá... ¡pronto!

El perdón es difícil. Habrá un conflicto porque vemos las cosas desde perspectivas distintas. Pero no tenemos que pasar por los desafíos de la vida con temor o ansiedad.

"Confía en el Señor con todo tu corazón; no dependas de tu propio entendimiento. Busca su voluntad en todo lo que hagas, y él *te mostrará* cuál camino tomar" (Proverbios 3:5-6, énfasis añadido).

Es una promesa. No temas. Mantente firme. Y observa cómo el Señor acude al igual que lo ha hecho otras muchas veces. Decide amar. Decide perdonar. No dejes de subir.

ORACIÓN

Señor Jesús, perdóname por el ansia de conformarme y no llegar a lo mejor que tú tienes. Ayúdame a seguir subiendo, sin importar cuán empinada sea la montaña o cuán lento sea el proceso. Enséñame a obtener mi fuerza de ti, Señor, y hazme más fuerte para el viaje.

DÍA 8

DEJA DE LLEVAR LA CUENTA Y EMPIEZA A PERDER LA CUENTA

Luego Pedro se le acercó y preguntó: —Señor, ¿cuántas veces debo perdonar a alguien que peca contra mí? ¿Siete veces?

—No siete veces —respondió Jesús—, sino setenta veces siete. Mateo 18:21-22

Quizá tú también sientas mi dolor. No sé para qué eres bueno, pero sé que, por muy malos que seamos para las matemáticas, la mayoría somos buenos para guardar un registro de las personas que nos han herido.

Algunos incluso tenemos memoria fotográfica cuando se trata de tenerla guardada a alguien. Sabemos exactamente el año, el mes y el momento preciso del día de cada una de las ofensas que hemos sufrido. Creamos hojas de cálculo mentales para cada persona que nos ha herido y comenzamos a contabilizar las marcas para cada ofensa...

No importa cuántas veces nos hayan herido, la Biblia dice claramente una cosa: debemos perdonar.

Ama como si nunca te hubieran herido, página 63

Hemos hablado sobre el amor, la necesidad de perdonar y sobre proseguir ante la adversidad, pero hay otra prueba que somos llamados a pasar, y es una prueba de matemáticas. Sé que casi con cada nueva ofensa, hay un rostro familiar. A veces, cuando soluciono una ofensa, pienso que realmente he perdonado a la persona que me lastimó. Incluso soy todo lo agradable que puedo si por casualidad me encuentro con dicha persona en una situación social o laboral. Pero en cuanto hay una nueva ofensa por parte de esa persona, no es solo una nueva ofensa; es la quinta, ¡caramba! Y saco esa larga lista de errores y le lanzo el libro completo a quien me lastimó. Es nuestra naturaleza humana.

El problema es que no somos llamados a vivir según la naturaleza humana. Tenemos un llamado más alto con un nivel más alto de matemáticas. Estas matemáticas comienzan con la sugerencia generosa de Pedro de que 7x1=0. Pero Jesús lo llevó a un nuevo nivel y declaró que también 70x7=0. Y recuerdo nuevamente ese pasaje en Isaías que realmente explica todo lo que tenemos que saber sobre la forma en que el Señor piensa y actúa: "Mis pensamientos no se parecen en nada a sus pensamientos –dice el Señor–. Y mis caminos están muy por encima de lo que pudieran imaginarse. Pues así como los cielos están más altos que la tierra, así mis caminos están más altos que sus caminos y mis pensamientos, más altos que sus pensamientos" (Isaías 55:8-9).

El Dios al que servimos dice que amemos a nuestros enemigos y que recorramos la milla extra. Dice que trabajemos como si Él fuera nuestro jefe y como si Él nos estuviera viendo todo el tiempo, porque realmente es así. El Dios al que servimos nos pide el diez por ciento de nuestros ingresos y todas las mañanas de nuestros domingos. Y cuando se trata de perdonar, simplemente nos pide lo mismo que nosotros le pedimos a Él: perdón. Una y otra y otra vez.

Si quieres aprender a amar como si nunca te hubieran herido, debes perdonar.

> El perdón no tiene que ver con llevar la cuenta. Se trata de perder la cuenta. A todos nos van a herir de algún modo... Aunque resultar herido es una realidad, amargarse y quedarse amargado es una

reacción. Debemos vivir un estilo de vida de perdón constante.

Ama como si nunca te hubieran herido, página 64

Esto no se trata, por supuesto, de satisfacer los requisitos de una ecuación matemática. Debemos perdonar. *Todo* el tiempo. Como dijo C. S. Lewis de forma tan apropiada: "Todos pensamos que el perdón es una maravillosa idea hasta que tenemos que perdonar a alguien".

NO PERDONAR ES LITERALMENTE IMPERDONABLE

"Si perdonas a los que pecan contra ti, tu Padre celestial te perdonará a ti; pero si te niegas a perdonar a los demás, tu Padre no perdonará tus pecados" (Mateo 6:14-15). No sé de ti, pero estos versículos me golpean justo entre los ojos cada vez que los leo. Y si eres como yo, realmente intentas perdonar. Pero en los días oscuros, cuando todo sale mal, parece que esos tiempos de injusticia, de ofensa o acusación, suenan como un disco rayado o un momento destacado proyectado a todo color, presentando esos momentos una y otra vez en tu cabeza. Otra vez estás ahí. Lo sientes de nuevo como si hubiera sucedido ayer.

Recuerdo una escena en una película cuando un hombre no podía perdonar por algo que otro hombre había hecho a su hijo, algo horrible. Aunque no recuerdo mucho la película, sí recuerdo las palabras que dijo este hombre cuando estaba inmerso en su lucha con Dios, entre la injusticia de lo que había sucedido y el mandato de Dios de perdonar. Me tomó totalmente por sorpresa cuando el hombre no pidió fuerza para perdonar o ayuda divina para perdonar. En vez de luchar con las palabras de perdón, dijo estas sencillas, pero profundas palabras: *Sáname, Señor.*

SÁNAME, SEÑOR

Uno de los descubrimientos más maravillosos que harás alguna vez en las situaciones más difíciles de perdonar, es que no necesitas una fórmula mágica o las palabras correctas. En esos momentos de profundo dolor, necesitas pedirle a Dios que sane esa parte quebrantada de ti. En las manos del Gran Médico puede comenzar una verdadera sanidad y, por lo general, comienza con los ojos. Él comienza a mostrarte una forma distinta de ver la situación. Experimentas una paz que solo el toque de Dios puede producir. *Sáname, Señor. Sana las partes de mí que me impiden perdonar.*

He llegado a aprender que la sanidad y el perdón son una misma cosa cuando se trata de la restauración y de tener el corazón de Dios para esa alma que tiene una herida tan profunda.

Nunca tengas miedo a ser genuino cuando hables con Dios, y decir la verdad sobre lo que hay en ti y lo que te falta. Si lees los Salmos, verás que David era tan genuino y brutalmente honesto como podía… y a Dios le encantó eso. Fue la profunda honestidad de David lo que produjo sus mejores cantos; sus mayores tragedias fueron las que le llevaron a sus mayores victorias. Y al final, Dios dijo que era un hombre conforme a su corazón.

Yo quiero ser una persona así. Quiero que tú seas una persona así. Si hay heridas tan profundas que te impiden encontrar perdón para mostrar, pide mejor ese primer paso en el proceso. Pídele a Dios que sane las partes que están quebrantadas en ti. Pídele que sane a tu "perdonador". Y después observa a Dios hacer una obra asombrosa en tu vida. El perdón *es* posible.

ORACIÓN

Señor Jesús, por favor, ayúdame a cambiar la forma en que veo los rostros de quienes representan una ofensa o herida. Ayúdame a verlos, en cambio, como los rostros de personas a las que quieres que ame. Ayúdame a ver lo que tú ves. Ayúdame a cambiar mi enfoque, apartándolo de mi pasado para enfocar hacia el presente y el futuro que tú has planeado para mi vida. Y para los más cercanos a mí, Señor, ayúdame a dejar de llevar la cuenta. Ayúdame a comenzar de nuevo en cada relación.

DÍA 9

LO MEJOR RESULTA DE LO PEOR

Y el Padre, quien conoce cada corazón, sabe lo que el Espíritu dice, porque el Espíritu intercede por nosotros, los creyentes, en armonía con la voluntad de Dios.

Y sabemos que Dios hace que todas las cosas cooperen para el bien de quienes lo aman y son llamados según el propósito que él tiene para ellos. Romanos 8:27-28

> [A veces,] lo mejor en nosotros solo puede salir de lo peor que nos hacen. No nos gusta lo que nos ocurrió. Duele. Nos rompió el corazón. Pero la verdad es que a veces lo mejor en ti nunca saldrá a menos que te hayan hecho lo peor. Y, por lo general, te lo harán personas a las que más has amado, confiado y ayudado. Dios no pretende que las experiencias dolorosas de tu vida te destruyan.
>
> *Ama como si nunca te hubieran herido,* página 68

La resistencia nos da altura. Es el principio por el que vuelan los aviones. Las palabras dolorosas, la traición, la falsa acusación y otras experiencias difíciles de la vida pueden enseñarnos o simplemente hacernos caer en rebelión. Si sigues amargado cuando oyes el nombre de esa persona o no puedes dejar de pensar en lo que ocurrió, es posible que no hayas perdonado a esa persona. Tienes más trabajo que hacer.

A veces el contenido del perdón toma tiempo en hacer sentido. A veces dar pasitos cortos es lo único que puedes hacer. Empieza por ahí. Ora y sigue orando. Pídele a Dios que sane esas partes quebrantadas, como lo vimos ayer. Sigue orando. Sigue tomando el camino elevado. Sigue amando, incluso si es desde lejos. "Sigue pidiendo y recibirás lo que pides; sigue buscando y encontrarás; sigue llamando, y la puerta se te abrirá. Pues todo el que pide, recibe; todo el que busca, encuentra; y a todo el que llama, se le abrirá la puerta" (Mateo 7:7-8).

Dios no intenta confundirte o ver cómo te golpean. Él está de tu lado. Su intención es que tú prosperes. Él tiene una tarea con tu nombre escrito en ella. Él nunca duerme porque nunca deja de pensar en ti. Si estás lidiando con el perdón, Él no está esperando con un lápiz en la mano para ponerte una nota de "F" y descalificarte. Él está ahí para ayudarte a ser libre de las cadenas de la falta de perdón. Sigue pidiendo. Sigue buscando. Sigue llamando. El perdón llegará si no te rindes.

> Las investigaciones han mostrado sistemáticamente vínculos entre la mente y el cuerpo. Aquello en lo que pensamos se manifiesta físicamente. Según la Clínica Mayo, aferrarse a un resentimiento tiene un efecto negativo sobre los sistemas cardiovascular y nervioso. Un estudio ha demostrado que las personas que pensaban en una ofensa regularmente experimentaban una presión arterial alta, palpitaciones elevadas y un aumento de la tensión muscular.
> Por el contrario, esto es lo que recibes cuando perdonas: relaciones más saludables, mayor bienestar espiritual y psicológico, menos ansiedad, presión arterial más baja, menos síntomas de depresión, un sistema inmunológico más fuerte y una mejor salud cardiaca. Parece un buen negocio. Y pan comido.
> *Ama como si nunca te hubieran herido*, página 72

Un gran personaje bíblico que nos sirve como ejemplo es el profeta Elías. Tuvo tantas experiencias milagrosas que uno pensaría que su fe sería inconmovible. Él hizo que la lluvia se detuviera durante tres años (ver 1 Reyes 17:1; 18:1), que todas sus necesidades físicas fueran cubiertas por Dios mismo (ver 1 Reyes 17:4), profetizó que habría una jarra sin fondo de harina y aceite (ver 1 Reyes 17:14) y vapuleó a los profetas de Baal invocando para que cayera fuego del cielo (ver 1 Reyes 18:38).

Luego, tan solo momentos después de dirigir una de las mayores derrotas en la historia de los profetas, lo vemos huyendo por su vida por temor al rey Acab y a su enojada esposa Jezabel. Ella juró que él moriría ese mismo día. Elías decidió responder a la amenaza en vez de confiar en la victoria. Tras correr lo más rápido y lo máximo que pudo, se vio en el ardiente desierto, solo y sintiéndose abandonado por el Dios al que servía.

Pero incluso bajo el calor ardiente y el viento del desierto, aunque era un fugitivo huyendo, Dios se encontró allí con él. Dios lo alimentó allí, le dio agua y permitió que descansara. Mejor aún, después de que Elías hubo descansado y expresado todas sus quejas, finalmente se calmó lo suficiente para oír la voz de Dios. Con una pequeña y tranquila voz el Señor habló al profeta ese día (ver 1 Reyes 19:12).

Nuestras vidas son así. Si miras atrás puedes ver victorias y derrotas. Y es un esfuerzo diario entrenar nuestra mente para enfocarnos en las victorias tanto como lo hacemos en las derrotas. Nuestra mente quiere pasar rápido por encima de las veinte victorias para llegar a esa vergonzosa derrota, y sentarnos y quedarnos en ella. Solo vemos al individuo que nos ofendió y nos enfocamos en la herida en vez de enfocarnos en lo bueno que podamos encontrar.

EL ENFOQUE IMPORTA

Dónde nos enfocamos es importante. En lo que nos enfocamos tiene un efecto físico profundo en nuestro cuerpo. Esto nos reta a decidir sabiamente las cosas en las que meditamos. Creo que por eso la Biblia es tan clara sobre mantener a raya nuestros pensamientos.

> Usamos las armas poderosas de Dios, no las del mundo, para derribar las fortalezas del razonamiento humano y para destruir argumentos falsos. Destruimos todo obstáculo de arrogancia que impide que la gente conozca a Dios. *Capturamos los pensamientos rebeldes* y enseñamos a las personas a obedecer a Cristo.
>
> 2 Corintios 10:4-5, énfasis añadido

A medida que vivas este día, examínate. ¿Estás pensando en tu futuro maravilloso? ¿O estás recreando las decepciones, heridas y fracasos del pasado? ¡A veces la persona a la que más tengo que perdonar soy yo mismo! Puedo hablarte de casi todos los fracasos graves que he experimentado. Esos recuerdos son muy fáciles de recuperar. Pero tengo que llevar esos pensamientos cautivos, ponerlos a los pies de la cruz y pedirle al Señor que llene mi miente de esperanza para el futuro. Y tú tienes que hacer lo mismo.

ORACIÓN

Padre Dios, ayúdame a ver cada prueba y cada reto como una oportunidad para crecer. Ayúdame a ver tu plan en cada situación difícil, sabiendo que tú estás haciendo que sea para mi bien. Ayúdame a no olvidar nunca que tú estás conmigo siempre.

DÍA 10

LA BATALLA ES REAL

Sean comprensivos con las faltas de los demás y perdonen a todo el que los ofenda. Recuerden que el Señor los perdonó a ustedes, así que ustedes deben perdonar a otros. Colosenses 3:13

> He observado que cuando a las personas les cuesta perdonar, eso se nota. Es un absoluto: aférrate a un agravio u odia como si tu vida dependiera de ello, y te mostraré un deterioro emocional, espiritual e incluso físico... El peso de la falta de perdón te arrastrará. Es una carga demasiado pesada de llevar en la carrera a la que has sido llamado a correr.
>
> *Ama como si nunca te hubieran herido*, páginas 71-72

Uno de los mayores ejemplos de perdón bajo coacción es el de Corrie ten Boom. En *Clippings from My Notebook* (Nelson, 1982; en español significa Apuntes de mi cuaderno), escribiendo sobre la Segunda Guerra Mundial y el Holocausto que sufrió, lo expresa de esta forma:

> El perdón sostiene la llave hacia la libertad, sanidad y restauración. Donde se libere perdón, se libera el poder del Espíritu de Dios y el poder de la sanidad... El perdón es la llave que abre la puerta del resentimiento y las esposas del odio. Es un poder que rompe las cadenas de la amargura y los grilletes del egoísmo.

La historia de Corrie ten Boom y su familia holandesa, contada en *El refugio secreto* (Vida, 1999), es amada en todo el mundo. Ella y su familia fueron arrestados por los nazis por esconder a cientos de judíos durante el Holocausto. Estas fueron palabras que ella escribió después del terrible trato que ella y su hermana recibieron en el campo de concentración de Ravensbrück, donde su hermana sufrió hasta morir. Otros familiares murieron en la cárcel. Las cosas que el hombre le ha hecho al hombre durante los siglos son tanto alarmantes como profundamente tristes. Y sin embargo, en medio de la infernal experiencia de Corrie, vemos un ejemplo claro y brillante de amar como si nunca te hubieran herido. La lucha es real, pero también lo son las bendiciones.

¿QUÉ TE ESTÁ DETENIENDO?

Si sigues siendo incapaz de perdonar a alguien en el día 10 de este devocional, entonces hay una gran posibilidad de que estés lidiando con un corazón endurecido, o que tú o alguien a quien amas profundamente estén muy heridos. Permíteme añadir algo de contexto en cuanto a algunas cosas que *no* significan perdón.

EL PERDÓN NO SIGNIFICA QUE TENGAS QUE OLVIDAR

"Perdona y olvida" es un falso concepto muy común. Hay cosas que nos pasan, buenas o malas, que no podríamos olvidar. Eso es normal. Dios me envió aquí, hoy, para liberarte de esa falsa expectativa. Él elimina el pecado tan lejos como se encuentra el este del oeste, pero olvidar no es un requisito.

EL PERDÓN TE AYUDARÁ A RECORDAR DE OTRA FORMA

> En vez de servir [tu mal recuerdo] como una coordenada del GPS para la amargura, la ofensa finalmente se convierte en un punto de referencia de lo mucho que has avanzado en el proceso de sanidad y

de lo mucho que Dios ha obrado en tu vida para ver más allá del dolor. Perdonar a alguien puede ser instantáneo, pero el proceso de sanidad lleva tiempo.
Ama como si nunca te hubieran herido, página 76

EL PERDÓN NO LIBERA AL OFENSOR DE LAS CONSECUENCIAS

Cuando nos hacen cosas extremadamente dolorosas, podemos sentir una fuerte resistencia a perdonar porque pensamos que si perdonamos, entonces los ofensores salen ganando. La justicia le importa a Dios tanto o más que a nosotros. Nuestro primer instinto será vengarnos o buscar venganza. Pero ¿podría contarte sobre un mito que muchas personas creen que está en la Biblia? La Biblia *no* enseña el ojo por ojo. De hecho, enseña lo contrario.

> Han oído la ley que dice que el castigo debe ser acorde a la gravedad del daño: "Ojo por ojo, y diente por diente". Pero yo digo: no resistas a la persona mala. Si alguien te da una bofetada en la mejilla derecha, ofrécele también la otra mejilla. Si te demandan ante el tribunal y te quitan la camisa, dales también tu abrigo. Si un soldado te exige que lleves su equipo por un kilómetro, llévalo dos.
>
> Mateo 5:38-41

EL PERDÓN NO SIEMPRE SIGNIFICA RECONCILIACIÓN

Esto es importante. ¿Te preocupa a veces que si decides perdonar, entonces estarás obligado a reconciliarte y comportarte como si no hubiera ocurrido nada? No es este el caso. No dejes nunca que esto sea una excusa para no perdonar. Tan solo hazlo y confía en Dios con lo que viene después. Libera a esa persona de la prisión en la que la has metido. Recuerda que perdonar o no perdonar es, y siempre ha sido, una decisión. Decide perdonar.

DEFINICIÓN DE PERDÓN

La palabra *perdonar* en griego es *aphiemi*, que significa literalmente "despedir". El perdón, por lo tanto, es la renuncia a seguir llevando una ofensa y decidir, en su lugar, despedirla. Se ha dicho que "perdón es liberar a alguien y descubrir que el prisionero eras tú". Retener el perdón es uno de los mayores obstáculos que podemos poner entre nosotros y la plenitud de gozo. Despídelo.

En mi vida, cuando estoy luchando con el perdón, eso afecta todo. No estoy presente en el momento porque mi mente sigue regresando al momento en que fui herido. No soy tan amable porque me siento aplastado por la carga que llevo. No soy tan concienzudo porque estoy obsesionado con mi sed de justicia y con la manera en que me han lastimado. Y no quiero lo mejor para otros porque creo que se me "debe" algo.

Pero cuando perdono y lo despido... soy libre.

Despídelo ahora mismo. Decide liberar, perdonar y soltar el agarre que la falta del perdón tiene sobre ti. Ahora mismo.

ORACIÓN

Señor Jesús, mantente siempre cerca de mí en esos días en los que me cuesta perdonar. Ayúdame a controlar mi lengua cuando todo en mí quiere atacar verbalmente y herir al que me hirió. Ayúdame a tener el dominio propio para guardar mi lengua en los momentos en los que estoy desprevenido.

DÍA 11

DEJA QUE EL AMOR TE GUÍE

Pues el Señor tu Dios vive en medio de ti. Él es un poderoso salvador. Se deleitará en ti con alegría. Con su amor calmará todos tus temores. Se gozará por ti con cantos de alegría. Sofonías 3:17

Miraba fijamente las notas del sermón que tendría que dar al día siguiente. La oscura tormenta en nuestra familia que compartí en el capítulo uno estaba aumentando. Mi mensaje era un recordatorio de lo corta que es la vida y que tenemos que dejar de albergar resentimiento, amargura y enojo. Mientras más las miraba, más fuerte era el susurro.

Hipócrita. Hipócrita. Hipócrita. Hipócrita.

Pocas horas después, tuve una conversación a corazón abierto con un buen amigo. Oramos. Hablamos. Y me recordó la verdad. Yo no era un hipócrita. Era humano. Era un hijo de Dios. Y era amado.

Las heridas de la vergüenza pueden ser muy profundas, y como los surcos en el barro, uno se puede quedar atascado en ellas. Pero tengo buenas noticias para ti. La vergüenza no tiene por qué dirigirte. El amor sí puede.

Ama como si nunca te hubieran herido, páginas 83-84

Donde liberas perdón, liberas el poder del Espíritu de Dios y el poder de sanidad. Suelta y deja que el amor te guíe. Pero ¿cómo haces eso? Lleva esos pensamientos cautivos. Cuando oigas ese nombre que te produce imágenes dolorosas y malos sentimientos, date cuenta y cambia ese pensamiento por una oración de bendición por la vida de esa persona. No será fácil al principio, pero si eres más intencional con tus pensamientos y palabras, cambiará la forma en que lo ves todo, incluido tú mismo.

De hecho, amarnos y ver lo mejor en nosotros mismos es, para muchas personas, el obstáculo que se interpone en el camino. Pero ¿acaso no es interesante que cuando le pidieron al Señor que dijera cuál era el mandamiento más importante de la Ley, "amarnos a nosotros mismos" fue parte de la respuesta?

> En cuanto los fariseos oyeron que había silenciado a los saduceos con esa respuesta, se juntaron para interrogarlo nuevamente. Uno de ellos, experto en la ley religiosa, intentó tenderle una trampa con la siguiente pregunta:—Maestro, ¿cuál es el mandamiento más importante en la ley de Moisés? Jesús contestó:—"Ama al Señor tu Dios con todo tu corazón, con toda tu alma y con toda tu mente". Este es el primer mandamiento y el más importante. Hay un segundo mandamiento que es igualmente importante: *"Ama a tu prójimo como a ti mismo"*. Toda la ley y las exigencias de los profetas se basan en estos dos mandamientos.
>
> Mateo 22:34-40, énfasis añadido

LA CONVERSACIÓN INTERIOR IMPORTA

Las conversaciones que tienes contigo mismo y sobre ti, tienen un peso mayor del que te imaginas. *No eres lo suficientemente bueno. No eres suficientemente santo. Eres muy perezoso. Te falta mucha disciplina. Dices ser cristiano y te falta mucho por mejorar.* Estas son algunas de las cosas que me he dicho a mí mismo, y soy pastor. Sé que si yo me estoy diciendo estas cosas, es muy posible que otros también se las estén diciendo. Y la condenación está golpeando a muchas buenas personas y haciendo que no sigan en sus llamados y propósitos.

> Me gusta decir que tenemos que sentirnos bien con nosotros mismos, aunque no de una forma narcisista, materialista o egoísta. Estoy hablando de una confianza interior firme basada en lo que Dios dice sobre nosotros, no una autoimagen distorsionada basada en lo que al diablo le gusta tirarnos a la cara... Cuando nos consideramos indignos, nos perdemos los tesoros que Dios tiene preparados para nosotros... Ámate y mantente lejos de tu propio camino. A veces tu peor enemigo eres tú mismo.
> *Ama como si nunca te hubieran herido*, páginas 85-86

NO SE TRATA DE CÓMO TE VES A TI MISMO

La autoestima no es la meta. Nunca lo ha sido. No se trata de reflejar una imagen que tienes de ti mismo. Muchísimas veces *esa* imagen está basada en la comparación con el mundo, y raras veces refleja la imagen de ti que Dios tiene en mente. Cuando verdaderamente te importa más cómo te ve Jesús que cómo te ves *tú* mismo, has cruzado una barrera que muchos hombres y mujeres nunca se atreven a cruzar.

> No importa lo que hayas hecho o lo que te hayan hecho. Jesús te ve como una obra maestra maravillosa. A fin de cuentas, vienes de un linaje de realeza.
> *Ama como si nunca te hubieran herido*, página 87

Lo he dicho antes, y lo volveré a decir una y otra vez. Si las personas pudieran tener una buena comprensión de quién es Dios realmente, y lo que Él piensa de ellos, cambiarían para siempre la forma en que lo ven todo, incluyendo a quienes les han ofendido. Él es mucho más amoroso y misericordioso de lo que imaginamos. Él nos ama con un amor inconmovible. Él está *de tu lado*. Él está *muy* de tu lado.

Vuelve a leer estas palabras:

> ¿Acaso hay algo que pueda separarnos del amor de Cristo? ¿Será que él ya no nos ama si tenemos problemas o aflicciones, si somos perseguidos o pasamos hambre o estamos en la miseria o en peligro o bajo amenaza de muerte?... Y estoy convencido de que nada podrá jamás separarnos del amor de Dios. Ni la muerte ni la vida, ni ángeles ni demonios, ni nuestros temores de hoy ni nuestras preocupaciones de mañana. Ni siquiera los poderes del infierno pueden separarnos del amor de Dios. Ningún poder en las alturas ni en las profundidades, de hecho, nada en toda la creación podrá jamás separarnos del amor de Dios, que está revelado en Cristo Jesús nuestro Señor. Romanos 8:35, 38-40

Quizá hayas sido marginado. Quizá la vida te ha aplastado. Quizá no estás donde Dios quiere que estés, pero eres un vencedor por la sangre del Cordero y la palabra de tu testimonio (ver Apocalipsis 12:11). Si aún no estás ahí, no te rindas. Dios quiere hacerte de nuevo y mostrarte a la persona que Él ve cuando te mira, porque estás siempre en la mente de Dios.

ÉL SIEMPRE GUÍA CON AMOR

Muchas veces, como conocemos lo peor de cada uno de nosotros y nuestra naturaleza pecaminosa, vemos a Dios como un juez o como un padre enojado y castigador. Lo vemos moviendo su cabeza de lado a lado y con los ojos llenos de decepción. Pero esas imágenes las hemos creado nosotros mismos y no representan a nuestro Padre en el cielo.

La imagen que tienes que grabar en tu mente es la verdadera imagen de Dios. Sus ojos están llenos de amor y compasión, llenos de gracia y misericordia. Él es tu principal animador. Él ve lo mejor. Es más, está emocionado porque ve los planes que tiene para ti y ve el potencial que tienes dentro. Él no es el castigador. Él es el hábil escultor y cuidadoso jardinero que te poda y moldea para que tengas mejor salud y una larga vida. Él canta sobre ti (ver Sofonías 3:17). Él es tu torre fuerte y tu lugar de refugio. Él está contigo en el valle y es quien te coloca en la cima de la montaña.

Cuando te dispongas a orar hoy, pídele al Señor que comience a mostrarte la verdad sobre quién es Él, y sus pensamientos acerca de ti. Mantente dispuesto a entender quién es Él realmente. Podría marcar la gran diferencia. Deja que el amor te guíe... su amor.

ORACIÓN

Señor Jesús, tú me dices que deje que el amor me guíe todo el tiempo. Quiero vivir así, y quiero amar así. Oro por oportunidades esta semana para mostrar amor y para expresar amor. Ayúdame a ser más amoroso. Te pido que me ayudes a poner el amor primero en cada encuentro.

DÍA 12

PREPÁRATE PARA UN NUEVO TÚ

Pero olvida todo eso; no es nada comparado con lo que voy a hacer. Pues estoy a punto de hacer algo nuevo. ¡Mira, ya he comenzado! ¿No lo ves? Haré un camino a través del desierto; crearé ríos en la tierra árida y baldía.
Isaías 43:18-19

La sociedad pone mucho énfasis en la apariencia externa. Cada año, las operaciones de cirugía plástica aumentan en número... Antes de que empieces a dudarlo, esta es una zona libre de juicios. No estoy queriendo avergonzar a nadie que haya tenido o esté pensando en tener alguna operación de cirugía estética. Estoy seguro de que todos tenemos partes de nuestro cuerpo físico que desearíamos poder cambiar. Escribo esto porque creo que refleja nuestra condición espiritual.

El pecado y la vergüenza tienen su manera de hacernos sentir feos; igual ocurre con las circunstancias... Tal vez sientas que las promesas de Dios no son para ti porque tus fieles oraciones para romper las cadenas de adicción parecen haber llegado a oídos sordos. Si es así, necesitas un empujón. Necesitas una transformación extrema. Por suerte, servimos al Dios de lo nuevo.

Ama como si nunca te hubieran herido, página 89

Permíteme hacerte unas preguntas: ¿Deseas un nuevo aspecto, espiritualmente hablando? ¿Deseas un nuevo comienzo? ¿Deseas una nueva vida? ¿Deseas una nueva apariencia? ¿Deseas una nueva identidad? ¿Te identificas con alguna de estas preguntas? Recuperarte de malas decisiones que has tomado puede ser una experiencia dolorosa, pero Dios siempre está preparado para restaurarte, reiniciar tu corazón y ayudarte a convertirte en el "tú" que Él tenía en mente cuando te creó.

Toma un momento justo donde estás y lee esas preguntas. Si tienes algo con lo que puedes escribir, no lo dudes y haz un círculo o subraya las cosas que más deseas. Quizá hay una sola cosa que destacas. Quizá harás un círculo alrededor de cada pregunta.

Cuando hayas visto con cuáles te identificas, quiero que des el siguiente paso más lógico que podrías dar. Lee cada una de ellas en voz alta, una a una, y pide. Pídele al Señor un nuevo aspecto, espiritualmente. Pídele al Señor un nuevo comienzo. Pídele al Señor una nueva vida. Pídele al Señor una nueva apariencia. Pídele una nueva identidad. Tan solo pide.

> Sigue pidiendo y recibirás lo que pides; sigue buscando y encontrarás; sigue llamando, y la puerta se te abrirá. Pues todo el que pide, recibe; todo el que busca, encuentra; y a todo el que llama, se le abrirá la puerta. Ustedes, los que son padres, si sus hijos les piden un pedazo de pan, ¿acaso les dan una piedra en su lugar? O si les piden un pescado, ¿les dan una serpiente? ¡Claro que no! Así que si ustedes, gente pecadora, saben dar buenos regalos a sus hijos, cuánto más su Padre celestial dará buenos regalos a quienes le pidan. Mateo 7:7-11

Un sano juicio, nuevas misericordias, perdón, sanidad y salud están a tu disposición para que lo pidas. Fortaleza de carácter y gracia para las debilidades son gratuitas para los que piden. Rompe las cadenas de los viejos pensamientos y renuévate en todos los aspectos con una simple tarea: pide. ¡Y después prepárate para un nuevo "tú"!

SAL DE LA JAULA

> El enemigo ha trabajado mucho para grabar permanentemente en ti recuerdos dolorosos, con fracasos del pasado, con pensamientos de autosabotaje, con temor a un futuro incierto. Él quiere que te veas siempre como alguien que lo ha estropeado todo. *Así soy yo. Nunca cambiaré. Nunca me curaré. Nunca estaré bien...*
>
> Por lo tanto tenemos que alimentar nuestra mente con cosas buenas. Cuando te das una comilona de pensamiento negativo, volviendo a recordar las heridas que alguien te provocó o el dolor que alguien te causó, se convierte en un hábito... Cuando comienzas a creer las mentiras del enemigo sobre quién eres, comienzas a destruir tu destino.
>
> *Ama como si nunca te hubieran herido*, páginas 92-93

La conversación interior que limita se puede convertir en una jaula. Y debido a nuestra naturaleza humana, tendemos más a encontrar una forma de existir dentro de los límites de la jaula que imaginarnos una vida fuera de ella. La mayor mentira de Satanás es que no tienes absolutamente ninguna opción con respecto a vivir en esa jaula. Él quiere que creas que eres la víctima en este escenario y que no tienes salida. Es una mentira. Tú no eres la persona que vive en esa jaula. Pero para salir, tu manera de pensar tiene que cambiar, y tu conversación interior tiene que ser transformada.

RENUEVA TU MENTE

El poder de la vida y la muerte está en la lengua, pero la lengua solo dirá lo que la mente ha creído que es cierto. La capacidad de ver lo que Dios está haciendo y hará por ti, no siempre se tiene por instinto o se ve a simple vista. Esas cosas se aprenden. Hay poderosas verdades sobre quién eres y lo que Dios tiene para ti, e incluso sus pensamientos acerca de ti, pero se deben examinar, aprender y entender primero. Entonces las podrá decir nuestra lengua.

> Por lo tanto, amados hermanos, les ruego que entreguen su cuerpo a Dios por todo lo que él ha hecho a favor de ustedes. Que sea un sacrificio vivo y santo, la clase de sacrificio que a él le agrada. Esa es la verdadera forma de adorarlo. No imiten las conductas ni las costumbres de este mundo, más bien dejen que Dios los transforme en personas nuevas al cambiarles la manera de pensar. Entonces aprenderán a conocer la voluntad de Dios para ustedes, la cual es buena, agradable y perfecta. Romanos 12:1-2

Se trata de reemplazar tus pensamientos por la verdad de la Palabra de Dios. Se trata de cambiar el pensamiento erróneo. Se trata de aprender la verdad sobre todas las cosas. A medida que la Palabra de Dios penetra en tu alma, la sangre de Jesucristo surge del interior con perdón y redención. Sal de tu pasado renovando tu mente con la luz de la Palabra de Dios y mediante la sangre de Jesús.

Nuestras mayores batallas son batallas internas. Si pasamos por alto la verdad de la Palabra de Dios, esas conversaciones internas de nuestra mente pueden girar como un torbellino y llevarnos de nuevo a la ira, amargura, desesperación y aislamiento. Esto es, sin duda, orgullo en su forma más extrema. Solo se puede romper con la Palabra de Dios a medida que aprendes y después proclamas las verdades que contiene.

Medita un momento en todo lo que has leído hoy. Y si puedes decir las palabras de abajo a tu Señor y Salvador, haz de ellas una oración.

ORACIÓN

Padre, me perdono a mí mismo y suelto todos los errores y pecados de mi vida. He aprendido las lecciones. Perdono a todos, y especialmente a mí mismo. A partir de hoy decido caminar en amor. Y te doy gracias por la fuerza y la gracia para hacerlo.

DÍA 13

SU AMOROSA BONDAD

En otro tiempo nosotros también éramos necios y desobedientes. Fuimos engañados y nos convertimos en esclavos de toda clase de pasiones y placeres. Nuestra vida estaba llena de maldad y envidia, y nos odiábamos unos a otros. Sin embargo, cuando Dios nuestro Salvador dio a conocer su bondad y amor,

él nos salvó, no por las acciones justas que nosotros habíamos hecho, sino por su misericordia. Nos lavó, quitando nuestros pecados, y nos dio un nuevo nacimiento y vida nueva por medio del Espíritu Santo.

Él derramó su Espíritu sobre nosotros en abundancia por medio de Jesucristo nuestro Salvador. Por su gracia él nos declaró justos y nos dio la seguridad de que vamos a heredar la vida eterna. Tito 3:3-7

La religión señala tu pecado, menea su dedo y te dice: "Eres una vergüenza". Jesús te da la bienvenida con los brazos abiertos, y dice: "No, la vergüenza es mía". Él toma tu culpa y tu vergüenza y la pone sobre sí mismo.

Ama como si nunca te hubieran herido, página 98

Qué drástica diferencia existe entre ser religioso y tener una relación viva y de amor con Jesucristo. El contraste, muchas veces, no podría ser más marcado. La religión encuentra fallos y los grita al mundo para intentar sacar a la luz cuán sucios son. La relación con Jesús dice: "Por supuesto que estoy sucio. Sí, tengo errores, y lucho con algunas cosas, razón por la cual mi esperanza está puesta en Jesús y no en mi propia justicia". La religión te dirá que tienes que encajar en su diminuta caja de reglas y estipulaciones sobre todo, desde cómo te vistes hasta la longitud de tu cabello, y lo que puedes y no puedes hacer en un servicio musical en la iglesia. La religión condena y cuela los mosquitos.

Este pasaje muestra la respuesta de Jesús a la religión de su tiempo:

> ¡Qué aflicción les espera, maestros de la ley religiosa y fariseos! ¡Hipócritas! Pues se cuidan de dar el diezmo sobre el más mínimo ingreso de sus jardines de hierbas, pero pasan por alto los aspectos más importantes de la ley: la justicia, la misericordia y la fe. Es cierto que deben diezmar, pero sin descuidar las cosas más importantes. ¡Guías ciegos! ¡Cuelan

> el agua para no tragarse por accidente un mosquito, pero se tragan un camello!»¡Qué aflicción les espera, maestros de la ley religiosa y fariseos! ¡Hipócritas! ¡Pues se cuidan de limpiar la parte exterior de la taza y del plato pero ustedes están sucios por dentro, llenos de avaricia y se permiten todo tipo de excesos!¡Fariseo ciego! Primero lava el interior de la taza y del plato, y entonces el exterior también quedará limpio.»¡Qué aflicción les espera, maestros de la ley religiosa y fariseos! ¡Hipócritas! Pues son como tumbas blanqueadas: hermosas por fuera, pero llenas de huesos de muertos y de toda clase de impurezas por dentro. Mateo 23:23-27

¡Caramba! ¿Podría haberlo dicho con más fuerza? Él usó esos términos porque así de peligrosos pueden ser la religiosidad y el legalismo, esforzándose por ver mosquitos con unos ojos que tienen vigas.

Jesús sugiere un enfoque mucho más bondadoso. De hecho, me encanta este pasaje que habla sobre su bondad:

> ¿Piensas entonces que vas a escapar del juicio de Dios, tú que juzgas a otros y sin embargo haces lo mismo que ellos? ¿No ves que desprecias las riquezas de la bondad de Dios, de su tolerancia y de su paciencia, al no reconocer que su bondad quiere llevarte al arrepentimiento? Romanos 2:3-4, NVI

Es su bondad lo que nos lleva al arrepentimiento. Siempre lo ha sido. Efesios 4 lo dice así:

> No entristezcan al Espíritu Santo de Dios con la forma en que viven. Recuerden que él los identificó como suyos, y así les ha garantizado que serán salvos el día de la redención. Líbrense de toda amargura, furia, enojo, palabras ásperas, calumnias y toda clase de mala conducta. Por el contrario, sean amables unos con otros, sean de buen corazón, y perdónense unos a otros, tal como Dios los ha perdonado a ustedes por medio de Cristo. Efesios 4:30-32

Me encantan estas últimas palabras: *tal como Dios los ha perdonado a ustedes por medio de Cristo.* Es curioso que queramos el juicio para todos menos para nosotros mismos.

SER BUENO ES SER SANTO

Las Escrituras dan una prueba para ayudarte a ver dónde estás en la línea continua del perdón. Yo lo llamo *la prueba del perdón.* Y se mide según la última parte del pasaje de arriba de Efesios. La primera parte de esos versículos tiene la lista de los "no hacer", pero la segunda parte del pasaje es la lista de los "sí hacer", y sirve como una prueba: sé bueno, amable y perdonador. Si no puedes ser bueno o amable con esa persona que te ofendió, entonces no tienes una buena calificación en la asignatura del perdón. Sigue orando. Sigue amando. Sigue perdonando. Sigue pidiendo sanidad en esa área de tu vida y por cualquier cosa que sucedió y que creó la herida. Ama a otros como Cristo te ama. Perdona a otros como quieres que Cristo te perdone.

Ser bueno es ser santo. Si quieres saber cuán santo eres, descubre cuán bueno eres. El fruto del Espíritu no es justicia, rectitud y juicio. Es todo lo contrario. El fruto es amor, alegría, paz, paciencia, gentileza, *bondad,* fidelidad, humildad y control propio. No amamos como el mundo lo hace, con supuestos y un gran número de cláusulas condicionales. Es incondicional. Es el camino de Jesús en lo que Él ha mandado y en lo que hizo bajo las condiciones más estresantes e injustificadas que se puedan imaginar.

Muchas veces estamos en lugares que exigen brazos abiertos, gracia, misericordia y amor. Pero eso es difícil de hacer con los puños cerrados, las mandíbulas apretadas y los brazos cruzados. La ley de bondad supera a todo. El llamado a la bondad no tiene fronteras. Es ilimitado. Los cristianos deberíamos esforzarnos por ser lugares cálidos para quienes se sienten perdidos o han sido golpeados por la vida. ¿Eres tú uno de ellos?

ORACIÓN

Señor Jesús, te pido que me enseñes a ser bueno en todos los encuentros. Deseo tu bondad y te pido que me enseñes y me llenes hoy. Oro pidiéndote oportunidades para mostrar bondad esta semana.

DÍA 14

BENDITOS LOS PACIFICADORES

Pues el reino de Dios no se trata de lo que comemos o bebemos, sino de llevar una vida de bondad, paz y alegría en el Espíritu Santo. Si tú sirves a Cristo con esa actitud, agradarás a Dios y también tendrás la aprobación de los demás.

Por lo tanto, procuremos que haya armonía en la iglesia y tratemos de edificarnos unos a otros.

Romanos 14:17-19

¿Recuerdas alguna vez en que perdiste los estribos? Quizá le gritaste a tu hija, quizá incluso le soltaste algún improperio, y eso le dio el susto de su vida. Tal vez ya estabas tenso cuando conducías de regreso a casa y alguien se te cruzó por delante con otro automóvil y comenzaste a acercarte demasiado a él y a gritarle. Quizá después de unas cuantas noches consecutivas de poco sueño lo arruinaste todo gritándole a tu cónyuge de forma amenazadora. Tal vez te descontrolaste mucho, hiciste algo físico, como arrojar algo a alguien, golpear a la pared o cerrar de un portazo la ventana…

Es normal enojarse y querer hacer algo al respecto, pero no podemos posicionarnos para amar como si nunca nos hubieran herido si nuestro carácter nos controla.

Ama como si nunca te hubieran herido, página 122

¿Batallas con tu mal genio? ¿Conoces a alguien que lo hace? A veces creo que el mal genio y el alcohol son primos lejanos. Ambos pueden hacernos llevar a cabo acciones que nunca haríamos y reaccionar de maneras en las que nunca hubiéramos reaccionado. Y ambos pueden hacernos ir demasiado lejos y decir o hacer cosas que nunca podremos retirar.

Es muy fácil decir: "Así es la naturaleza humana". Nosotros tenemos un llamado más alto que ese. No tenemos una naturaleza "humana"; tenemos una naturaleza "espiritual", y el Espíritu Santo vive en nosotros. Esto significa que siempre tendremos una luz o una convicción cuando estemos a punto de hacer algo equivocado.

El Espíritu Santo nos envía señales de aviso y obstáculos para impedir nuestro progreso por el camino erróneo y con las decisiones erróneas. El resumen es este: aunque no es malo airarse por algunas cosas en este mundo como los delitos contra los niños, la corrupción o la injusticia, perder el control *siempre* significa que le estás quitando las riendas a Dios y diciéndole: "¡Yo me ocupo a partir de ahora!".

EL AMOR NO SE ENOJA FÁCILMENTE

Muchos rasgos valiosos del carácter del cristiano no se producen por instinto. Como he dicho antes, se aprenden. Son disciplinas. No son reacciones naturales porque tienen un origen sobrenatural. Uno de los mejores consejos lo podemos encontrar en Santiago: "Mis amados hermanos, quiero que entiendan lo siguiente: todos ustedes deben ser rápidos para escuchar, lentos para hablar y lentos para enojarse. El enojo humano no produce la rectitud que Dios desea" (Santiago 1:19-20).

Proverbios lo dice así: "El verdadero sabio emplea pocas palabras; la persona con entendimiento es serena. Hasta los necios pasan por sabios si permanecen callados; parecen inteligentes cuando mantienen la boca cerrada" (Proverbios 17:27-28).

Nuestro primer instinto, cuando nos desafían o nos enojamos, no es siempre nuestra mejor respuesta. La ira no es un pecado; no manejarla bien sí lo es. Espera un momento y pregúntale al Señor antes de actuar, o de reaccionar. No te arriesgues a reaccionar en exceso. Los momentos más lamentables de la vida, la mayoría de las veces, se podrían haber evitado con una cabeza un poco más fría.

MOMENTOS IMPREVISTOS

¡Esa vida estaba dictada! ¡Ojalá hubiéramos visto venir el conflicto, lo hubiéramos pensando, hubiéramos escrito una respuesta concienzuda y la hubiéramos ejecutado en el momento correcto con las palabras correctas! Pero no es así como funciona la vida. Nuestros momentos de conflicto más vulnerables llegan en esos momentos imprevistos, cuando nos sorprende una palabra dura, una acusación, un mal reporte, noticias de una situación que se descontroló. Es en esos momentos cuando la sangre se nos sube al rostro, y entramos en ese modo de huir o pelear. Es *ahí* cuando tenemos que dar un paso atrás, respirar, y pedirle al Señor dos cosas: sabiduría y las palabras correctas. Hasta que no nos dé ambas, es mejor no hablar. La ira humana no produce la justicia que Dios desea. A veces tienes que cerrar la boca y esperar en el Señor. Él está un paso por delante de la situación, y está obrando ya a tu favor. Nunca olvides eso. Ten paz cuando otros no estén en paz contigo. *Tú eres responsable de ti mismo.*

> Nunca devuelvan a nadie mal por mal. Compórtense de tal manera que todo el mundo vea que ustedes son personas honradas. Hagan todo lo posible por vivir en paz con todos. Queridos amigos, nunca tomen

> venganza. Dejen que se encargue la justa ira de Dios. Pues dicen las Escrituras:«*Yo tomaré venganza; yo les pagaré lo que se merecen*», dice el Señor.
>
> Romanos 12:17-19, énfasis añadido.

LA BÚSQUEDA DE PAZ

Me encantan estas palabras de Proverbios: "La respuesta apacible desvía el enojo, pero las palabras ásperas encienden los ánimos" (Proverbios 15:1). Se nos llama a ser pacificadores. Una y otra vez en las Escrituras se nos amonesta a jugar este papel crucial siempre que nos veamos en un conflicto o disputa, especialmente en el cuerpo de Cristo. "Dios bendice a los que tienen corazón puro, porque ellos verán a Dios. Dios bendice a los que procuran la paz, porque serán llamados hijos de Dios" (Mateo 5:8-9).

> Algunos somos luchadores natos. Esto no es siempre algo malo, pero puede ser insano. Lo admitiré, yo soy una de esas personas. Si realmente creo que tengo razón en algo, lucharé hasta el infinito... Pregúntate lo siguiente: cuando te encuentras en medio de una situación irascible, ¿cómo cambia las cosas tu presencia? ¿Añades gasolina a las llamas, o apagas el fuego?... una persona que fabrica paz apaciguará las situaciones. No avivará las llamas, sino que apagará el fuego... la paz no es la ausencia de problemas... Paz es estar en medio de una tormenta cuando hay rayos cayendo... pero decides quedarte ahí y no tener miedo. Decides confiar en Dios.

Decides estar en paz en medio de una tormenta.
Ama como si nunca te hubieran herido, páginas 130-131

Mantén la paz cuando otros no puedan o no quieran. Mantén la paz cuando nadie quiera estar en paz contigo. Puede que haya momentos en los que tus esfuerzos por mantener la paz no sean bienvenidos o eficaces. No vivas o mueras en base a la aprobación de otros. Si tu autoestima y valía dependen de las opiniones y la aceptación de los demás, es una colina en la que morirás muchas veces en tu vida. Mantén tu paz con una audiencia de uno… Jesús.

ORACIÓN

Señor Jesús, ayúdame a llevar paz a cada lugar al que vaya, solamente por el hecho de que estoy lleno de tu paz. Cuando me vea en situaciones donde hay disputa o conflicto, ayúdame a discernir cuándo hablar y cuándo simplemente orar en silencio. Te pido que me des sabiduría.

DÍA 15

AMA A DIOS COMO SI NUNCA TE HUBIERAN HERIDO

Yo les he dicho estas cosas para que en mí hallen paz.
En este mundo afrontarán aflicciones, pero ¡anímense!
Yo he vencido al mundo. Juan 16:33, NVI

Quizá el mayor dolor que uno puede tener es el causado por la pérdida de un hijo. Aunque yo nunca he perdido un hijo, he conducido muchos, muchos funerales para padres y madres que han perdido un hijo, y he visto familias totalmente vacías de toda emoción, torturadas por el dolor y llenas de confusión. Algunas están enojadas, pero la mayoría están en un estado de profunda conmoción.

¿Qué dices en un momento así? Realmente, no hay palabras en ese momento. Las palabras importarán después, pero en ese momento no hay palabras que aporten consuelo, salvo el conocimiento de que el niño está en el cielo en caso de que sea pequeño, y si es mayor en caso de haber tomado una decisión por Cristo. Aparte de eso, no hay palabras.

Aunque yo no he perdido a un hijo, he perdido a un hermano debido a un cáncer. He visto a cientos o miles de personas sanadas de todo tipo de enfermedades imaginables. He hecho oraciones de sanidad y fe durante años y años, y he creído cada palabra. He tenido fe para cada petición. Así que cuando diagnosticaron cáncer a mi hermano Richie, no había duda en mi mente de que sería sanado. Pero los días y las semanas se convirtieron en meses, y la sanidad no llegaba.

El día en que Richie murió fue un día muy difícil para mí. No solo había perdido a mi hermano, sino también lidiaba con el hecho de que Dios no le había sanado. ¿Qué haces cuando no hay nadie a quien culpar, sino a Dios?

¿Qué haces cuando te sucede algo terrible a ti o a algún ser querido, o Dios no lo quiera, a uno de tus hijos?

Estoy aquí para decirte que es normal y comprensible cuestionar a Dios en ese momento, ya que intentas entender por qué Él intervino tantas otras veces en la historia, pero no lo ha hecho en favor de ti o de los tuyos en esa situación. ¿Qué haces cuando estás luchando con el perdón, con el Dios del universo? No conozco una prueba de fe mayor que el dolor o la pérdida de un ser querido cuando, en tu mente, era algo que pudo haber impedido ese Dios que impide que sucedan cosas todo el tiempo.

DIOS ESTÁ EN EL VALLE

Si has tenido alguna vez una experiencia culminante, aunque solo haya sido durante un minuto, tendrás una perspectiva totalmente distinta del valle que hay abajo. El descenso, o la caída, es mayor cuando comienza en la cima de la montaña. Estar en el valle puede ser abrumador, doloroso y aterrador. Y si no damos unos pasos muy concretos, dejamos la puerta abierta para que Satanás nos desvíe de nuestro destino. Demasiadas veces las personas lo han dejado justo en este punto del viaje, incapaces de hacer las paces con el Dios que podía haber intervenido. Cuando nuestro espíritu está abatido, puede ser paralizante… pero solo si tú lo permites.

El hecho es que Dios ha hecho más con el quebranto de las personas a lo largo de la historia que con las personas que nunca han tenido que soportar nada malo. Abraham en el monte Moriah: quebranto. Moisés cuando vio ese becerro de oro: quebranto. David tras cometer adulterio: quebranto. Un profeta tras otro: quebranto. Pedro inmediatamente después de su traición: quebranto. Los discípulos y los seguidores de Jesús después de ser crucificado: quebranto. Y nuestro Salvador en la cruz: quebranto... y entregado.

A veces, los periodos de nuestro mayor dolor pueden parecer etapas de gran silencio de parte del cielo. Tu búsqueda de respuestas regresa vacía, así que sientes que la presencia de Dios no se encuentra por ninguna parte. Pero tienes que saber, justo aquí y ahora, que nunca diste ni un solo paso tú solo. Él *está* cerca de los quebrantados (ver Salmos 34:18). En tiempos de dolor y sufrimiento podemos encontrar esperanza en la Palabra de Dios.

Dios *bendice* a esas personas que sufren (ver Mateo 5:4). Él nos ayuda en nuestras tribulaciones para que podamos ayudar a otros que tienen todo tipo de problemas (ver 2 Corintios 1:3-4). Aunque caminemos por el valle de sombra de muerte, no temeremos. Él está con nosotros, y su cayado de pastor nos hace sentir seguros (ver Salmos 23:4). Cuando no sabemos por qué orar, el Espíritu ora por nosotros de maneras que no podemos expresar con palabras (ver Romanos 8:26). Jesús sabe cuando estamos tristes; pero Él promete que después estaremos tan felices que nadie será capaz de cambiar cómo nos sentimos (ver Juan 16:22). Y hay muchas más promesas en las Escrituras.

DIOS SIGUE SIENDO DIOS

Incluso en las épocas más insoportables de la vida, Él está más cerca de lo que te imaginas. Él promete que nunca te dejará ni te desamparará. Sigue alabando. Sigue adorando. Sigue creyendo. Sigue amando. Sigue perdonando. Tu mayor testimonio aún está por salir de tu boca, pero cuando suceda, liberará a los cautivos. Tu sufrimiento no habrá sido en vano.

He aprendido que aunque Dios no siempre ofrece una explicación, ofrece una promesa, muchas promesas. Dios sabe cómo hacer que las tragedias y los traumas de la vida tengan sentido. Él le da uso a aquello que ha permitido que vivas, si lo pones en sus manos.

Algo más que he aprendido es otra verdad maravillosa sobre la forma en que nuestro Dios trabaja. Cuando lo malo se vuelve insoportable, es que buenas cosas están a punto de suceder. A veces, lo único que puedes hacer es esperar, pero eso es suficiente. Ama al Señor con todo tu corazón... incluso cuando duela. La esperanza está en camino.

ORACIÓN

Señor Jesús, te amo. Incluso cuando no lo entiendo todo, decido amarte y adorarte igualmente. Tú eres mi Señor y mi Salvador, y soy totalmente tuyo. Ayúdame a entender las cosas que no entiendo y a confiar siempre.

DÍA 16

CREE EN LA PROMESA

Que Dios les dé cada vez más gracia y paz a medida que crecen en el conocimiento de Dios y de Jesús nuestro Señor. Mediante su divino poder, Dios nos ha dado todo lo que necesitamos para llevar una vida de rectitud. Todo esto lo recibimos al llegar a conocer a aquel que nos llamó por medio de su maravillosa gloria y excelencia; y debido a su gloria y excelencia, nos ha dado grandes y preciosas promesas. Estas promesas hacen posible que ustedes participen de la naturaleza divina. 2 Pedro 1:2-4

La vida es dura. Ganamos, perdemos. Amamos, nos hieren. Triunfamos, nos caemos. Hacemos lo correcto y seguimos experimentando pruebas, pérdidas, divorcios, bancarrota, abandono, muerte y decepción.

No sé por qué suceden cosas malas. Puede que Dios no responda a tu porqué. Algunos puede que no sepamos el propósito de nuestro dolor hasta que lleguemos al cielo.

Esto es lo que te puedo decir: cuando estás en una crisis, Dios no lo está. Cuando estás bajo otra ola de depresión, Dios no lo está. Cuando estás perdido en un valle y no tienes ni idea de lo que hacer, Dios no ha desaparecido. Él sigue siendo el sanador. Él sigue siendo el libertador. Y Él sigue obrando un plan para tu vida... Decide confiar en Él. Decide creer.

Ama como si nunca te hubieran herido,
páginas 205-206

En el devocional de ayer hablé sobre la pérdida de mi hermano Richie por un cáncer. Y durante un tiempo, tras su muerte, me encontré evitando hablar mucho sobre sanidad en mis mensajes. Nunca olvidaré cuando el Señor me confrontó y me preguntó por qué. Recuerdo que le dije al Señor: "Porque tú no sanaste a Richie".

Y entonces, de la forma más clara que jamás le había oído hablarme a mi espíritu, me dijo: *Haz espacio para la sanidad.*

Y Dios comenzó a sanar en nuestras reuniones todas las semanas. Yo no lo entendía, pero sí entendía que tenía que obedecer. La obediencia siempre es una decisión, incluso cuando tenemos dolor.

TOMA LA DECISIÓN

Puede que no tengamos influencia alguna sobre las tragedias y el dolor que sufrimos, pero nuestra respuesta a lo que nos ocurre es definitivamente una decisión nuestra. Y de nuevo, cuando me detengo y examino las promesas de Dios, veo que Él ha ido delante de mí en cada prueba y cada dificultad. Y en cada lugar, Él ha dejado una promesa:

Dios te consolará en todas tus dificultades (ver Salmos 23:4).

Él suplirá todas tus necesidades (ver Filipenses 4:19).

Él convertirá tus tinieblas en luz y enderezará todos tus caminos torcidos (ver Isaías 42:16).

El gozo viene en la mañana (ver Salmos 30:5).

Dios no se olvidará de ti (ver Salmos 9:10).

Él te repondrá los años que el enemigo ha destruido (ver Joel 2:25).

Ningún arma forjada contra ti prosperará (ver Isaías 54:17).

Y como Jesús se ha ido y ha preparado un lugar para ti, Él volverá de nuevo y te recibirá, para que donde Él está, tú también estés (ver Juan 14:3).

La decisión es tuya. Tú puedes poner tu fe en la incertidumbre de tus circunstancias, o puedes poner tu confianza en las promesas de Dios. Es una decisión. Una cosa es adorar por obligación, y otra cosa es decidir adorar por un profundo deseo cuando no puedes encontrar ningún tipo de sentido en las pruebas más difíciles de la vida. Esa es una expresión de dependencia completa y total de Él.

> Verás, Dios no hace que desaparezcan todos nuestros problemas, al menos no lo rápido que nos gustaría que lo hiciera, pero Él nos promete paz en medio de ellos... Quizá hace mucho tiempo que no sientes a Dios... Dios sí nos promete paz... Jesús puede impedir que los vientos, la lluvia y las olas te traguen.
> *Ama como si nunca te hubieran herido*,
> páginas 210-211

Es una decisión apartar tu mirada de tu dolor y mirar directamente a los ojos de Jesús. Pero recuerda: estás en esa barca que se mueve con el Dios del viento y de las olas. Confía en Él en esos momentos, y comprobarás su fidelidad.

NUNCA ABANDONES

Aquí tienes tres palabras de ánimo.

1. Te va mejor de lo que crees. Haz un inventario: tienes mucho por lo que dar gracias. Vemos aquello a lo que decidimos mirar, o enfocarnos. Toma la decisión de ver ese vaso

medio lleno, probablemente más que medio lleno, y dar gracias por todo lo que tienes.

2. Importas más de lo que crees. Cuando las cosas salen mal, es natural decir esas palabras que todos decimos: ¿Por qué yo, Señor? Al margen de la situación que estés viviendo ahora, Dios sigue teniendo un plan para tu vida. El revés que has experimentado no es una demora. Si ha hecho algo, ha sido acelerar tu camino. Me encanta lo que el gran teólogo A. W. Tozer escribió en *The Root of the Righteous* (La raíz de los justos, Clie, 1994): "Es dudoso si Dios puede bendecir mucho a un hombre si no le ha herido profundamente".

Hay un camino que marca las vidas de los que han sufrido dificultades y dolor. Además, cuando otros están viviendo lo peor que la vida les puede deparar, necesitan personas que hayan transitado por ese camino para ayudarles a encontrar su camino. Al margen de cuál sea tu dolor, tu pérdida o tu pecado, sigues siendo la persona que Dios quiso que fueras.

3. No abandones a Dios, porque Él nunca te ha abandonado a ti. Dios no está en el negocio de reemplazar a las personas dañadas; Dios quiere *enderezar* a las personas dañadas. A Él le encanta tomar una tragedia y convertirla en un testimonio. Le encanta verte triunfar sobre las mayores dificultades de la vida, y después ver cómo vas y ayudas a otros en sus tormentas. Dios quiere sanarlos, cambiarlos y transformarlos, y desea usar a personas que

una vez estuvieron quebrantadas para alcanzar a personas que acaban de sufrir quebranto.

No abandones a Dios, porque Él no te ha abandonado nunca. Confía hoy en Él. Ámalo como si nunca te hubieran herido. Sea lo que sea por lo que estés pasando, este no es el momento de rendirse. Cree las promesas que Dios ha declarado sobre tu vida.

ORACIÓN

Señor, cuando pienso en las promesas que tienes para mí, y en tu plan perfecto, tengo fe para cada parte del plan. Dame paciencia en la espera y ayúdame a seguir continuamente con esperanza, incluso cuando mis circunstancias no parecen alinearse con lo que te he oído decir de mi vida. Confío en ti, Dios. Te amo y te doy gracias por cada gramo de fe que me has dado.

DÍA 17

DERRIBAR FORTALEZAS

Pues aunque vivimos en el mundo, no libramos batallas como lo hace el mundo. Las armas con que luchamos no son del mundo, sino que tienen el poder divino para derribar fortalezas. Destruimos argumentos y toda altivez que se levanta contra el conocimiento de Dios, y llevamos cautivo todo pensamiento para que se someta a Cristo. 2 Corintios 10:3-5, NVI

Hoy vengo con una palabra profética para tu vida y para tu futuro. Donde estás ahora no es tu destino final. Dios te está llamando a un lugar mayor que donde estás. Dios no ha diseñado tu vida para que esté llena de constante conflicto, dolor o vergüenza. Ve esos tiempos de dificultad como lo que son. Son etapas de crecimiento y formación, y no sentencias perpetuas. Dios te ha destinado para la victoria en cada área de tu vida.

La Biblia habla sobre las fortalezas. Son lugares donde el enemigo ha enfocado su atención, esfuerzo y fuerzas para defender y mantener su posición. Para algunos puede ser una adicción, mientras que para otros es un pecado secreto. Para algunos es una ofensa que no pueden soltar. Las Escrituras nos enseñan que esos son asientos de autoridad en lugares altos. Pero como declaran los versículos de arriba, tenemos armas, armamento espiritual, cuyo propósito expreso es derribar esas fortalezas y demolerlas. Eso está en tu Biblia.

LO QUE PERSIGUE EL ENEMIGO

Pero ¿qué tiene que ver esto contigo? Con cada nueva ofensa, sumada a cada vieja ofensa, multiplicada por cada gramo de amargura que guardas contra alguien que te hirió, centímetro a centímetro Satanás levanta una fortaleza en tu vida que no serás capaz de superar mediante medios normales.

¿Qué significa esto para ti? Significa que las cosas que has estado experimentando no siempre son la manera de

Dios de moldearte. Muchas veces son la forma que tiene Satanás de desviarte, poniendo un cerrojo en tu destino y propósito, y tirando lejos la llave. Cuando nos enfurecemos o exigimos venganza mediante la crítica o las palabras duras, abrimos esa puerta para que el enemigo entre y establezca su morada. Una fortaleza.

> Cuando el enemigo viene contra ti, es porque quiere algo. Él no solo se mete contigo por meterse; él va a por un botín...Quiere tomarte a ti y a los tuyos e infectarles de amargura, rencor, enojo y ofensa.
> *Ama como si nunca te hubieran herido*, página 223

No lo dejes ganar. No lo dejes entrar. Por eso el perdón es tan importante. Por eso es vital que ames como si nunca te hubieran herido. Hay un enemigo buscando solo una rendija en tu fe, solo una grieta en tu armadura para poder meter el pie. Y el pie conduce a las fortalezas. No lo dejes entrar.

> Quizá estés delante de una fortaleza en tu vida. Quizá estés intentando salvar tu matrimonio. Quizá estés intentando salvar una relación con un hijo adulto obstinado. Por muy grande o intimidante que sea la fortaleza, Dios puede hacerte libre...
>
> No sé cuán sucia se ha vuelto tu pelea, pero sé que es el lugar donde Dios será más glorificado en tu vida. Es donde la unción llegará.
> *Ama como si nunca te hubieran herido*, página 224

NO TE CONFORMES

Si algo he aprendido sobre mi caminar con Cristo, es que no puedo confiar en lo que veo cuando estoy tratando de discernir la presencia de Dios en mi vida o mi progreso por el camino. Cuando solo miro a mis circunstancias, pienso que no estoy progresando nada, mientras en mi espíritu estoy exactamente donde se supone que debo estar... justo en medio de mi próximo ciclo de crecimiento.

Quizá no parece un ciclo de crecimiento ante los ojos humanos porque lo único que veo es otra prueba o desafío. Pero en el espíritu, es mi siguiente paso. Es una nueva lección que me enseña dónde tengo que crecer o un desafío que me estira. Me puedo quejar, o puedo respirar hondo y consultar al Señor. Después, día a día, sigo caminando, usando las lecciones del pasado combinadas con mi fe para el futuro.

Dios está conmigo. Dios está *contigo*. Eso es lo único que necesitas saber. Él está de tu lado, y está haciendo que te conviertas en la persona que tienes que ser para la siguiente tarea. Confía en Él. Camina. Mantente firme. Él te tiene. Ora hasta que caigan esas fortalezas. Proclama las promesas de Dios sobre tu vida... en voz alta. Llama a los ejércitos del cielo cuando te sientas abrumado. Y da cada paso hacia delante con la confianza que tendrías si supieras que Dios está de pie a tu lado en cada desafío... porque lo está.

ORACIÓN

Señor Jesús, enséñame a batallar en el mundo invisible. Dame el valor para derribar fortalezas, y vísteme con cada pieza de la armadura espiritual que necesite. Ayúdame a no tener miedo al mirar esas fuerzas del mal en mi vida. Tú eres mi torre fuerte y mi ayuda constante en tiempos de necesidad. Gracias por tu protección.

DÍA 18

FE EN LO INVISIBLE

La fe es la confianza de que en verdad sucederá lo que esperamos; es lo que nos da la certeza de las cosas que no podemos ver. Por su fe, la gente de antaño gozó de una buena reputación. Por la fe entendemos que todo el universo fue formado por orden de Dios, de modo que lo que ahora vemos no vino de cosas visibles.

Hebreos 11:1-3

¿Estás respondiendo a lo que ves o a lo que Dios dice? Piensa en ello, piénsalo de verdad. Cuando ves las mentiras que te rodean, ¿sientes la presión? ¿Te sientes abrumado? ¿Sientes temor? ¿Derrota?

La Escritura es clara en que la fe no tiene nada que ver con lo que vemos. Caminamos por fe, no por vista (ver 2 Corintios 5:7). La fe viene por el oír, no por ver (ver Romanos 10:17)...

Si escuchas, oirás a Dios decirte que Él está de tu lado, que está peleando por ti, que con Él eres más que vencedor.

Ama como si nunca te hubieran herido,
páginas 228-229

La Biblia lo deja incluso más claro cuando dice en Hebreos 11:6 que *sin fe, es imposible agradar a Dios*. Imposible. Piensa en ello. Si es imposible agradar a Dios sin fe, entonces tiene sentido que todos vamos a vivir situaciones, de forma regular, en las que necesitaremos la fe. Y además, la fe nunca se requerirá a menos que sea una situación que te diga que no se puede hacer, y sin embargo sientas que es exactamente lo que se supone que debes hacer. Fe.

Esto me dice que en cada caso en el que sufras una injusticia, serás probado. Tendrás que escoger entre exigir tu propia justicia o confiar en que Dios vengará y proveerá justicia, ya sea que tú mismo lo veas o no. Fe.

La fe no es solo el tren que va subiendo por la colina, diciendo: "Creo que puedo, creo que puedo". Es mucho más que eso. Es rehusar dudar en las decisiones que *sabes* que el Señor quiere que tomes, aunque no puedas ver cómo saldrá todo.

DAR: LA PRUEBA DE FE DE DIOS

Creo que un área en la que las personas realmente luchan con la fe es en el dar. Mejor aún, las personas batallan en su fe con el diezmo, que es dar el diez por ciento de sus ingresos. Y aquí es donde realmente se pone interesante. La mayoría de las personas no luchan con si tienen que diezmar o no, sino con el *hacerlo*. ¡Y no son malas personas! Sencillamente son personas que saben sumar o restar. Y sobre el papel, dar el diez por ciento de sus ingresos significa que algo se queda sin pagar. Sus ojos y su lógica dicen que no es posible.

Pero los ojos dicen mentiras porque no pueden ver lo espiritual; solo pueden ver lo físico. Mientras tanto, Dios tiene unas matemáticas distintas que dicen: "Dame el diez por ciento, y te daré más con el noventa por ciento restante de lo que podrías haber hecho con el cien por ciento". Diezmar es oír con tus oídos y no confiar en tus ojos. Fe.

Cree lo que Dios dice, con respecto a todo, y no lo que sientes o lo que tus circunstancias dictan. Hazte esta pregunta regularmente: en cada nueva decisión, ¿estoy respondiendo a lo que veo, o a lo que Dios dice?

EL EJEMPLO DE LOS MONOS

Otra área donde se necesita la fe es el perdón. En algunos países, los monos se usan como alimento. De hecho, los cerebros de mono se consideran una delicia. Pero atrapar los monos es algo extremadamente difícil. Al menos así era antes. Pero un día, las personas descubrieron que una vez que los monos atrapan algo con sus manos, aparte del poco valor que pueda tener lo que agarren, no dejarán que nadie se lo arrebate de sus manos. Bueno, con esta información, un sabio miembro de una tribu decidió poner sal o semillas en los agujeros hechos en unas grandes rocas. Una vez que la mano del mono entraba en el agujero, el hombre de la tribu salía de la nada y asustaba al mono, haciendo que cerrase el puño con las semillas. Después, capturar al mono era fácil.

Es interesante que lo único que tenía que hacer el mono era soltar las semillas, y nunca le atraparían. A menudo he pensado en cuán similares somos a estos monos. Hay nombres y rostros que llevan ofensa o dolor hacia nosotros en el pasado, que simplemente nos negamos a soltar. Nos aferramos a esas personas con tal fervor, que nadie puede hacernos abrir la mano. Y al hacerlo, hemos sido atrapados sutilmente. No podemos ir a ningún lado ni hacer nada. Somos presa fácil para Satanás simplemente porque rehusamos soltar.

Lo dije antes, y lo diré de nuevo. Retener el perdón es como beber un veneno y esperar que quien se enferme sea la persona con la que estamos enojados. El único que se está haciendo daño es uno mismo. Pero preferimos aferrarnos en vez de confiar en Dios para que trate con esas personas.

Eso no es solo un asunto de obediencia; es un asunto de fe. Fe.

TÚ TIENES FE PARA ESTO

> Por si aún no lo sabías, la vida es una escalada a un monte. De camino al lugar, propósito, destino o lugar alto que estés intentando alcanzar en la vida, va a ser necesario que escales...
>
> Dios está buscando escaladores. Los escaladores son personas dedicadas. Afrontan riesgos. Miran a las montañas que parecen insuperables. Y aceptan la tarea de Dios de subir y conquistar esas montañas en su nombre.
>
> *Ama como si nunca te hubieran herido,* página 230

Fe. A cada persona se le ha dado una medida de fe. "Basado en el privilegio y la autoridad que Dios me ha dado, le advierto a cada uno de ustedes lo siguiente: ninguno se crea mejor de lo que realmente es. Sean realistas al evaluarse a ustedes mismos, háganlo según la medida de fe que Dios les haya dado" (Romanos 12:3).

Dios *te* ha dado una medida de fe. Y la medida que has recibido siempre será suficiente. Sea cual sea tu circunstancia, tienes fe para ello. Sea cual sea el mandato de la Palabra de Dios con el que estés luchando, tienes fe para ello. Sea quien sea la persona que tengas que perdonar, con la ayuda de Dios, tienes fe para eso también. Confía en Jesús y su Palabra en todas las cosas. Todas.

ORACIÓN

Señor Jesús, enséñame a usar la fe que me has dado. Recuérdame, Señor, todas las veces que has sido fiel conmigo y las muchas veces que me has librado. Ayúdame a conectar tu fidelidad en el pasado con mis luchas de hoy mientras aprendo a confiar de nuevo en ti cada día.

DÍA 19

RENDIRSE NUNCA ES UNA OPCIÓN

Así que no nos cansemos de hacer el bien. A su debido tiempo, cosecharemos numerosas bendiciones si no nos damos por vencidos. Por lo tanto, siempre que tengamos la oportunidad, hagamos el bien a todos, en especial a los de la familia de la fe. Gálatas 6:9-10

Mientras me preparaba para escribir *Ama como si nunca te hubieran herido,* estudié la historia de Marcus Luttrell, del cuerpo de élite de operaciones especiales de la Marina, ganador de la distinguida medalla Navy Cross. Su historia de supervivencia en Afganistán es notable. Pero la historia dentro de la historia es la perspectiva que él da sobre lo que significa ser un miembro de los cuerpos especiales de la Marina.

Una parte de la historia de Luttrell realmente captó mi atención, y me hizo pensar en todo lo que hemos estado hablando en los últimos dieciocho días de este devocional. Él cuenta que los hombres que entran al programa de Cuerpos Especiales son individuos altamente preparados, y algunos de ellos son los hombres más duros del mundo. Sin embargo, el entrenamiento es tan riguroso que dos tercios de los que empiezan nunca terminan el curso. Él cuenta en *Lone Survivor* (Único sobreviviente, publicado en inglés por Back Bay Books, 2008) que uno de sus instructores le dio estas palabras profundas y muy útiles para su viaje: "El cuerpo puede soportar… casi cualquier cosa. Es la mente la que necesita entrenamiento".

Al escribir *Ama como si nunca te hubieran herido,* pensé en mi viaje. Y pensé en las personas que leerían ese libro o harían los 21 días de este devocional. "Es la mente la que necesita entrenamiento", dijo el instructor, añadiendo: "¿Puedes con una injusticia tal? ¿Puedes lidiar con esa clase de injusticia, con ese revés tan grande? Y además ¿puedes regresar decidido, resuelto, y prometiendo que nunca te rendirás?".

> Cuando has estado orando por tu familia, por tu matrimonio o para que Dios sane esa relación rota, hay veces en que puede que tengas ganas de abandonar. [Tienes] la opción de abandonar. Lo único que tienes que hacer es decir: "Estoy cansado de la batalla y me rindo".
> *Ama como si nunca te hubieran herido,* página 235

Quiero desafiarte ahora mismo a eliminar de tu vida la opción de rendirte.

> Por lo tanto, no desechen la firme confianza que tienen en el Señor. ¡Tengan presente la gran recompensa que les traerá! Perseverar con paciencia es lo que necesitan ahora para seguir haciendo la voluntad de Dios. Entonces recibirán todo lo que él ha prometido... Mis justos vivirán por la fe. Pero no me complaceré con nadie que se aleje». Pero nosotros no somos de los que se apartan de Dios hacia su propia destrucción. Somos los fieles, y nuestras almas serán salvas. Hebreos 10:35-36, 38-39

NUNCA RETROCEDAS

Nosotros no somos de los que retroceden. *Tú* no eres de los que retroceden. ¡*Tú* eres uno de los que reciben la promesa! Estamos en una batalla por nuestra vida. Como los cuerpos especiales de la Marina, luchamos, pero nuestra batalla es espiritual.

> Una palabra final: sean fuertes en el Señor y en su gran poder. Pónganse toda la armadura de Dios para poder mantenerse firmes contra todas las estrategias del diablo. Pues no luchamos contra enemigos de carne y hueso, sino contra gobernadores malignos y autoridades del mundo invisible, contra fuerzas poderosas de este mundo tenebroso y contra espíritus malignos de los lugares celestiales. Por lo tanto, pónganse todas las piezas de la armadura de Dios para poder resistir al enemigo en el tiempo del mal. Así, después de la batalla, todavía seguirán de pie, firmes. Efesios 6:10-13

> La batalla no es lo que vemos en lo natural. La batalla no tiene que ver con el problema en tu familia. No se trata del problema financiero. No se trata de la enfermedad. No se trata de los desacuerdos en tu matrimonio. El enemigo quiere tu mente. Quiere derrumbarte mentalmente. Quiere que te rindas, que abandones, que digas "¡No puedo soportar esto más!".
> *Ama como si nunca te hubieran herido*, página 235

En tu búsqueda diaria por terminar la carrera y creer las promesas de Dios, no puedes olvidar nunca, jamás (¿puedo decir *jamás*?) que hay un enemigo. Ese enemigo tiene un objetivo: que hagas sonar la campana de rendición.

¡Pero vengo con buenas noticias! La batalla ya ha sido ganada. Satanás es un enemigo derrotado, y lo sabe. ¡Vamos de victoria en victoria y de gloria en gloria! El resultado nunca está en duda, y la mejor noticia de todas es esta: "el que está en ustedes es más poderoso que el que está en el mundo" (1 Juan 4:4, NVI). Fuiste hecho para vencer. Fuiste hecho para prosperar. Fuiste diseñado para vivir una vida victoriosa.

PROCLAMACIÓN VALIENTE PARA UNA VIDA VICTORIOSA

Nunca me rendiré. Estas tienen que ser tus palabras, y las tienes que repetir a menudo.

Si te tiran a la lona, te *levantarás,* porque eso no es solo lo que haces, sino lo que eres. Tú *eres* un vencedor. Tú *eres* victorioso. Tú *eres* cabeza y no cola. *Estás* por encima y no por debajo. Este mundo *no* es tu hogar. Tienes una *gran* esperanza y una promesa en Jesús. *Orarás* por tus enemigos. *Bendecirás* a los que te maldigan, porque ves un cuadro mucho mayor que el que te pinta una ofensa momentánea. *Llegarás* a la casa de Dios y adorarás con tu familia en la fe. Tus familiares *serán* salvos, y *caminarán* y hablarán con su Dios. *Prosperarás* en tu trabajo. Y *amarás* al Señor tu Dios con todo lo que hay en ti.

Haz una pausa y medita en este último párrafo. Recíbelo y aférrate a él en tu corazón por un momento. Ahora dedica un minuto a volver a proclamar en voz alta cada una de esas afirmaciones de fe, pero esta vez personaliza cada frase. Reemplaza todas las palabras que sean necesarias para hacer tuya cada frase. No basta simplemente con saber estas cosas. Llevas esas declaraciones a un nivel totalmente nuevo cuando las proclamas en voz alta, y declarando verdad y vida sobre ti mismo. Hazlo ahora, y hazlo a menudo.

ORACIÓN

Señor Jesús, por favor ayúdame a eliminar la palabra abandonar de mi mente. Ayúdame a permanecer firme ante cada oposición y cada herida. Ayúdame a echar mi ansiedad sobre ti. Tú eres mi paz, Señor. Ayúdame a recordar eso en cada situación estresante.

DÍA 20

DESPUÉS DE ESTO, HAY MÁS

Pues yo sé los planes que tengo para ustedes —dice el Señor—. Son planes para lo bueno y no para lo malo, para darles un futuro y una esperanza. En esos días, cuando oren, los escucharé. Si me buscan de todo corazón, podrán encontrarme. Sí, me encontrarán —dice el Señor—. Jeremías 29:11-14

La gracia de Dios es suficiente. Su amor es suficiente. Su unción es suficiente. Amigo, tu destino es mayor que tus dificultades. Tu destino es mayor que tu desastre. Tu destino es mayor que tu actual dilema. Tu destino es mayor que tus temores... Proverbios 21:30 dice: "No hay sabiduría humana ni entendimiento ni proyecto que puedan hacerle frente al Señor"...

No hay conocimiento, ni poder, ni sabiduría, ni estrategia, ni consejo que vaya contra el propósito y el plan de Dios, y gane.

Ama como si nunca te hubieran herido,
páginas 241-242

¡El cielo está luchando por ti! "No hay sabiduría humana ni entendimiento ni proyecto que puedan hacerle frente al Señor. El caballo se prepara para el día de la batalla, pero la victoria pertenece al Señor" (Proverbios 21:30-31).

Dios nunca se queda sin recursos u opciones. La única opción se dio en una cruz hace más de dos mil años, y con ese único sacrificio se pagó por el pecado. Después, tres días más tarde, la muerte y la tumba fueron conquistadas, y se ganó la victoria.

Para siempre y siempre.

Ahora, permíteme llevarlo un paso más adelante. ¿Alguna vez te has detenido a pensar que el Dios del universo desea hablarte hoy? ¿Te puedes imaginar que el mismo Jesús al que cantamos, el mismo de la Biblia, desea pasar tiempo de intimidad *solo contigo*?

Pasamos una gran parte del tiempo pensando en las ofensas y heridas, con los ojos siempre buscando personas y circunstancias. Necesitamos cambiar nuestro enfoque, apartar nuestra mirada de todo eso, y ponerla fija en nuestro mejor amigo, nuestro redentor, nuestro abogado, nuestro maestro y nuestro campeón: Jesús.

CONSIDERACIONES VALIENTES

Tengo una afirmación y una pregunta para ti.

Afirmación: Estás tan cerca de Dios como decidas estar.

Pregunta: ¿Cómo afectaría al resto de tu día una conversación de cinco minutos con Jesús ahora mismo?

¿Cómo le afectaría a tu autoestima y sentimiento de valor hoy unos pocos minutos arropado en su amor y afecto? ¿Cómo impactaría tu espíritu un momento en su presencia ahora mismo? ¿Te das cuenta de que no hay una sola cosa que haya dicho en este párrafo que no sea posible, ahora mismo, justo donde estás? El acceso que has recibido para acercarte al trono de Dios es a la vez asombroso y casi inimaginable, y sin embargo ahí está. Dado gratuitamente por un Dios que ha esperado toda la semana para verte.

Tener más de Jesús en ti es tener más y más de su perspectiva acerca de tus problemas y tus desafíos. Experimentar su perdón de tus pecados crea una mayor capacidad en ti para perdonar a otros. Mirar profundamente en su Palabra y buscar su mente y su consuelo para tus mayores tragedias y tus heridas más profundas, no solo te ayuda a lidiar con ellas, sino que también te permite ser un portador de luz para otros que están viviendo en esos lugares oscuros de desesperación... en desesperada necesidad.

Así de cerca está tu Dios de ti. Ese es el acceso que es legal y legítimamente tuyo como cristiano.

DESPUÉS DE ESTO

Tres de las palabras más poderosas de las Escrituras para personas que han sufrido una gran pérdida, se pueden encontrar en el libro de Job. Después de haber sufrido más pérdidas trágicas que nadie de su tiempo, vemos este sencillo pasaje que significa todo. Estas tres palabras tienen un tremendo impacto: "*Después de esto,* Job vivió ciento cuarenta años y pudo ver a cuatro generaciones de sus hijos y nietos" (Job 42:16, énfasis añadido).

No sé por todo lo que tú has estado pasando, y no pretendería nunca minimizar todo lo que has tenido que soportar, pero una cosa te puedo prometer: cuando el polvo se asiente, habrá un "después de esto". Dios tiene un "después de esto" para ti. Hay capítulos en tu vida que aún se han de escribir.

> Quizá has perdido a un ser querido. Quizá estés lidiando con una relación rota. Puede que estés luchando con una adicción en tu familia, o incluso tú mismo estés luchando por salir de una. Dios tiene un "después de esto" para ti. Superarás tus

dificultades... Vas a vivir después de tu pérdida. Vas a vivir después de tu traición.

Ama como si nunca te hubieran herido, página 244

NO SE HA TERMINADO

Creo que el hecho de estar leyendo este devocional hoy es una cita divina para ti. Dios quiere decirte: "No se ha terminado". ¡Qué pensamiento tan poderoso! ¡Qué poderosa verdad! Hay un "siguiente" en tu futuro, y Dios quiere hacer que cada momento doloroso que has experimentado cuente para el Reino. *No* ha sido todo para nada. Si sueltas tu tenaza y le entregas todo lo que haya ocurrido, Él tomará lo que Satanás quiso usar para mal y lo usará para bien. "Ustedes se propusieron hacerme mal, pero Dios dispuso todo para bien. Él me puso en este cargo para que yo pudiera salvar la vida de muchas personas" (Génesis 50:20).

Así como hemos estado hablando, no basta simplemente con leer y estar de acuerdo y continuar. Si quieres que una verdad poderosa se asiente en tu espíritu y afecte la forma en que ves a Dios y el mundo en el que vives, tienes que establecer el hábito nuevo de proclamar las verdades *en voz alta*. Tienes que proclamar: *Tengo* pleno acceso al trono de Dios. *Estoy* tan cerca del Señor como yo decido estar, y me apropio de ello. *Sí,* hay un "después de esto" para mí. Tengo que comenzar a cambiar mi enfoque, quitándolo de mi pasado y permitiendo que Dios me muestre mi futuro, porque si se lo pido, Él lo hará. *No* se ha terminado.

ORACIÓN

Señor Jesús, estoy lleno de emoción por el futuro, porque todas las cosas "siguientes" están en tus manos. Ayúdame a cambiar mi enfoque, apartándolo de mi pasado y poniéndolo en todas las cosas que vendrán "después de esto". Ayúdame a renovar mi pensamiento y mi propósito.

DÍA 21

UNIR TODAS LAS PIEZAS

También nos alegramos al enfrentar pruebas y dificultades porque sabemos que nos ayudan a desarrollar resistencia. Y la resistencia desarrolla firmeza de carácter, y el carácter fortalece nuestra esperanza segura de salvación. Y esa esperanza no acabará en desilusión. Pues sabemos con cuánta ternura nos ama Dios, porque nos ha dado el Espíritu Santo para llenar nuestro corazón con su amor. Romanos 5:3-5

¡Ya estamos en el día 21!

A estas alturas, hemos estado de acuerdo en que amar a otros no siempre es fácil, pero así somos, y eso es lo que hacemos. No solo porque sea una buena idea, sino porque Dios lo manda, su Hijo Jesús lo vivió, y es la mejor medicina espiritual que podemos tomar para curar las heridas más profundas. Pero es más que eso. Sin la oposición de las ofensas, tú y yo nunca remontaríamos el vuelo con alas de águila.

> Las ofensas son inevitables. Nadie está exento. De una forma o de otra, a todos nos van a ofender, nos van a herir, insultar, traicionar, engañar, avergonzar, mancillar o perder nuestro orgullo.
>
> Como la ofensa es un hecho bíblico, debemos aprender a tratarla...
>
> Algunos miramos a la oposición como algo malo, y ciertamente podemos sentir que así es, pero la oposición puede ser una oportunidad. Míralo de este modo: sin la oposición de las ofensas, nunca levantarías las alas como un águila (ver Isaías 40:31). Sin oposición, nunca te elevarías...
>
> La oposición puede hacerte afrontar las situaciones y hacer cosas que no podrías haber hecho si no hubieras tenido esa oposición. La oposición te hará orar. La oposición te hará acudir corriendo a Dios. La oposición hará que aumente tu fe.

Quizá tengas que empezar a ver a quienes te ofenden o hieren como una oportunidad para que Dios te lleve más alto.
Ama como si nunca te hubieran herido,
páginas 247-248

Me encanta este poema de *Leaves of Grass* (Hojas de hierba) porque explica estas cosas profundamente, del modo en que solo Walt Whitman podría hacerlo:

> ¿Has aprendido lecciones solo de los que admirabas, y fueron tiernos contigo, y estuvieron a tu lado? ¿No has aprendido las grandes lecciones de los que te rechazaron, y se juntaron contra ti? ¿O que te trataron con desprecio, o debatieron el pasaje contigo?

Hemos cubierto mucho terreno. Este devocional se escribió unos diez meses después de que se publicara *Ama como si nunca te hubieran herido*. Debido a mis oportunidades de hablar sobre el anterior libro, oigo comentarios de todas partes del mundo. Estos comentarios no tienen que ver con personas que me dicen que les ha gustado el libro; se trata de la forma en que han comenzado a vivir los principios de amor y perdón. Los testimonios me hacen llorar cada vez que los oigo. Familias sanadas, matrimonios restaurados, amistades renovadas por el perdón.

He vuelto a aprender, a través de los principios de las Escrituras y los principios que el Señor me dio en mi propio viaje personal, que Dios provee justo lo que las personas heridas más necesitan: cómo amar como si nunca les hubieran herido. *Es* posible perdonar incluso las peores ofensas.

Quiero animarte a profundizar en tu relación con Cristo mientras sigues poniendo en práctica lo que has aprendido en estos 21 días.

> Dios hace su obra más asombrosa donde las cosas parecen estar peor.
> El amor *nunca* falla.
> *Nunca* es una equivocación amar a las personas que han cometido errores.
> Es imperdonable no perdonar.
> Para amar a otros, primero tenemos que aprender a amarnos a nosotros mismos.
> Somos llamados a ser buenos.
> Sé un pacificador; es nuestro llamado.
> La fe reside en lo invisible.
> *Podemos* amar como si nunca nos hubieran herido.
> Rendirse *nunca* es una opción.
> Después de esto hay más.

> Ahora mismo, el Espíritu Santo se está estacionando en la puerta de tu casa. Viene por ti... Es tiempo de resucitar tu corazón... Dios sabía hace años que estarías donde estás ahora mismo. Confía en Él. Él ya te tiene preparado el camino.
> *Ama como si nunca te hubieran herido*, página 249

Nunca lo olvides: Dios está mucho más cerca y es mucho más accesible de lo que jamás hubieras imaginado.

Dedica tiempo a acercarte a Él cada día. Permite que Dios reinicie tu corazón. Y empieza a amar como si nunca te hubieran herido.

ORACIÓN

Señor Jesús, gracias por cada palabra de ánimo, cada lección aprendida y cada nueva perspectiva. Gracias por tu Espíritu Santo, y gracias por todo lo que viene después. Confío en ti, Señor, con una confianza inconmovible. Y te amo con cada pizca de amor que hay en mí. Sáname donde tenga que ser sanado. Ayúdame a dar perdón donde se necesite el perdón. Ayúdame a amar de nuevo, y a no hacerlo con cualquier amor, sino a amar como si nunca me hubieran herido.

ACERCA DEL AUTOR

Jentezen Franklin es el pastor principal de Free Chapel, una iglesia con múltiples campus. Cada semana su programa de televisión, Kingdom Connection, se retransmite en las principales redes de todo el mundo. Autor de éxito de ventas del *New York Times*, Jentezen ha escrito nueve libros, incluyendo su trabajo más reciente *Ama como si nunca te hubieran herido*, el revolucionario *El ayuno*, así como *La persona correcta, el lugar correcto, el plan correcto*.

Jentezen y su esposa Cherise llevan 31 años casados, tienen cinco hijos y cuatro nietos, y viven en Gainesville, Georgia.